7급

쉽게 따는

행복漢한

급수한자

새희망

한자능력검정시험안내

❖ 한자능력검정시험이란?

- 한자능력검정시험은 한자 활용 능력을 측정하는 시험으로 공인급수 시험(특급, 특급Ⅱ, 1급, 2급, 3급, 3급Ⅱ)과 교육급수 시험(4급, 4급Ⅱ, 5급, 5급Ⅱ 6급, 6급Ⅱ, 7급, 7급Ⅱ, 8급)으로 나뉘어져 실시합니다.
- 한자능력검정시험은 1992년 처음 시행되어 2001년부터 국가공인자격시험(1급~4급)으로 인정받았고 2005년 29회 시험부터 3급Ⅱ 이상은 국가공인시험으로 치러지고 있습니다.
- 자세한 내용은 시행처인 한국 한자능력검정회 홈페이지 **www.hanja.re.kr**에서, 시험점수와 합격안내는 **www.hangum.re.kr**을 참조하세요!

❖ 어떤 문제가 나올까요?

각 급수별로 문제 유형은 아래 표와 같습니다.

구 분	특급	특급Ⅱ	1급	2급	3급	3급Ⅱ	4급	4급Ⅱ	5급	5급Ⅱ	6급	6급Ⅱ	7급	7급Ⅱ	8급
독음	45	45	50	45	45	45	32	35	35	35	33	32	32	22	24
훈음	27	27	32	27	27	27	22	22	23	23	22	29	30	30	24
장단음	10	10	10	5	5	5	3	0	0	0	0	0	0	0	0
반의어(상대어)	10	10	10	10	10	10	3	3	3	3	3	2	2	2	0
완성형(성어)	10	10	15	10	10	10	5	5	4	4	3	2	2	2	0
부수	10	10	10	5	5	5	3	3	0	0	0	0	0	0	0
동의어(유의어)	10	10	10	5	5	5	3	3	3	3	2	0	0	0	0
동음 이의어	10	10	10	5	5	5	3	3	3	2	0	0	0	0	0
뜻풀이	5	5	10	5	5	5	3	3	3	3	2	2	2	2	0
약자	3	3	3	3	3	3	3	3	3	3	0	0	0	0	0
한자 쓰기	40	40	40	30	30	30	20	20	20	20	20	10	0	0	0
필순	0	0	0	0	0	0	0	0	3	3	3	3	2	2	2
한문	20	20	0	0	0	0	0	0	0	0	0	0	0	0	0

- 독음 : 한자의 소리를 묻는 문제입니다.
- 훈음 : 한자의 뜻과 소리를 동시에 묻는 문제입니다. 특히 대표훈음을 익히시기 바랍니다.
- 반의어·상대어 : 어떤 글자(단어)와 반대 또는 상대되는 글자(단어)를 알고 있는가를 묻는 문제입니다.
- 완성형 : 고사성어나 단어의 빈칸을 채우도록 하여 단어와 성어의 이해력 및 조어력을 묻는 문제입니다.
- 동의어·유의어 : 어떤 글자(단어)와 뜻이 같거나 유사한 글자(단어)를 알고 있는가를 묻는 문제입니다.
  - 동음이의어 : 소리는 같고 뜻은 다른 단어를 알고 있는가를 묻는 문제입니다.
  - 뜻풀이 : 고사성어나 단어의 뜻을 제대로 알고 있는가를 묻는 문제입니다.
  - 한자쓰기 : 제시된 뜻, 소리, 단어 등에 해당하는 한자를 쓸 수 있는가를 확인하는 문제입니다.
  - 필순 : 한 획 한 획의 쓰는 순서를 알고 있는가를 묻는 문제입니다. 글자를 바르게 쓰기 위해 필요합니다.

- 7급 출제 유형 : 독음32 훈음30 반의어2 완성형2 뜻풀이2 필순2
- ※ 출제 기준은 기본지침으로서 출제자의 의도에 따라 차이가 있을 수 있습니다.

합격 기준표

구 분	특급·특급Ⅱ	1급	2급·3급·3급Ⅱ	4급·4급·5급·5급Ⅱ	6급	6급Ⅱ	7급	7급Ⅱ	8급
출제 문항수	200		150	100	90	80	70	60	50
합격 문항수	160		105	70	63	56	49	42	35
시험시간	100분	90분	60분	50분					

✣ 급수는 어떻게 나뉘나요?

8급부터 시작하고 초등학생은 4급을 목표로, 중고등학생은 3급을 목표로 두면 적당합니다.

급수	읽기	쓰기	수준 및 특성 배정한자
특급	5,978	3,500	국한혼용 고전을 불편 없이 읽고, 연구할 수 있는 수준 고급
특급Ⅱ	4,918	2,355	국한혼용 고전을 불편 없이 읽고, 연구할 수 있는 수준 중급
1급	3,500	2,005	국한혼용 고전을 불편 없이 읽고, 연구할 수 있는 수준 초급
2급	2,355	1,817	상용한자를 활용하는 것은 물론 인명지명용 기초 한자 활용 단계
3급	1,817	1,000	고급 상용한자 활용의 중급 단계
3급Ⅱ	1,500	750	고급 상용한자 활용의 초급 단계
4급	1,000	500	중급 상용한자 활용의 고급 단계
4급Ⅱ	750	400	중급 상용한자 활용의 중급 단계
5급	500	300	중급 상용한자 활용의 초급 단계
5급Ⅱ	400	225	중급 상용한자 활용의 초급 단계
6급	300	150	기초 상용한자 활용의 고급 단계
6급Ⅱ	225	50	기초 상용한자 활용의 중급 단계
7급	150	–	기초 상용한자 활용의 초급 단계
7급Ⅱ	100	–	기초 상용한자 활용의 초급 단계
8급	50	–	한자 학습 동기 부여를 위한 급수

＊ 상위급수의 배정한자는 하위급수의 한자를 포함하고 있습니다.

✣ 급수를 따면 어떤 점이 좋을까요?

· 우리말은 한자어가 70%를 차지하므로 한자를 이해하면 개념에 대한 이해가 훨씬 빨라져 학업 능률이 향상됩니다.
· 2005학년부터 수능 선택 과목으로 한문 과목이 채택되었습니다.
· 수많은 대학에서 대학수시모집, 특기자전형지원, 대입면접시 가산점을 부여하고 학점이나 졸업인증에도 반영하고 있습니다.
· 언론사, 일반 기업체 인사고과에도 한자 능력을 중시합니다.

다양한 학습 방법으로 기초를 튼튼히!!!

❖ 기본 학습

변화 과정
한자가 그림에서 변화된 과정을 글과 그림으로 쉽게 표현

훈(뜻)과 음(소리)
한자 익히기의 기본인 훈(뜻)과 음(소리)을 알기

한자 유래
재미있는 그림과 함께 한자 유래 알기

쓰기 연습란
20번 반복하는 충분한 쓰기 연습

단어
해당 한자가 들어있는 단어.

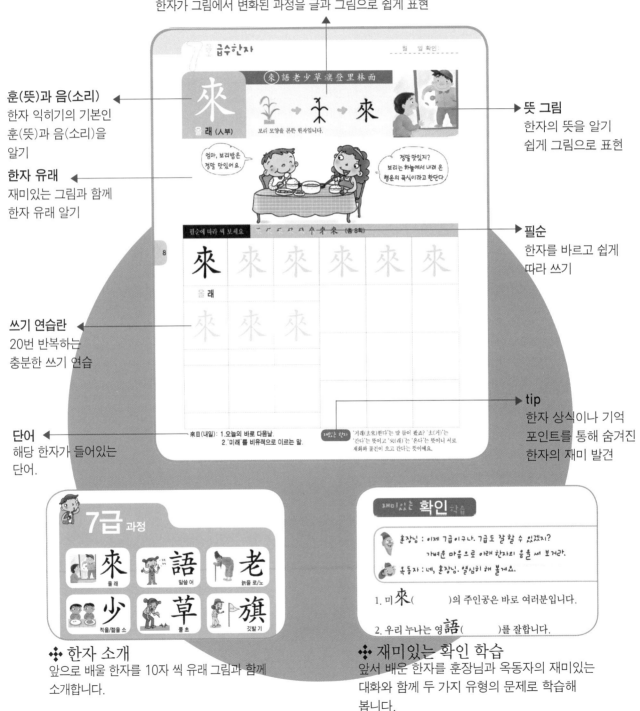

뜻 그림
한자의 뜻을 알기 쉽게 그림으로 표현

필순
한자를 바르고 쉽게 따라 쓰기

tip
한자 상식이나 기억 포인트를 통해 숨겨진 한자의 재미 발견

❖ 한자 소개
앞으로 배울 한자를 10자 씩 유래 그림과 함께 소개합니다.

❖ 재미있는 확인 학습
앞서 배운 한자를 훈장님과 옥동자의 재미있는 대화와 함께 두 가지 유형의 문제로 학습해 봅니다.

이 정도 실력이면 급수따기 OK!

단원 예상 문제 來語老少草旗登里林

1. 다음 밑줄 친 漢字語(한자어)의 音(음:소리)을 쓰세요.

〈보기〉 漢字 → 한자

1) 한자 시험이 <u>來日</u>이다. (   )
2) <u>國語</u> 시간에 글짓기를 했어요. (   )
3) 강아지를 끌고 <u>老人</u>이 산책을 나갔다. (   )

❖ **단원 예상·실전대비 문제**
예상문제를 단원이 끝날 때마다 제시하였으며,
단원별 기본 학습이 끝난 후에는 실전대비
총정리 문제로 다시 한번 학습합니다.

모의 한자능력검정시험 제1회

第1回 漢字能力儉定試驗 7級

① 다음 밑줄 친 漢字語(한자어)의
音(음:소리)을 쓰세요.(1~32)

〈보기〉 漢字 ➪ 한자

1. <u>草食</u> 동물은 식물을 먹고 산다.
2. 드디어 악당 두목이 <u>出現</u>하였다.
3. 운동장 동쪽 <u>方面</u>으로 사람들이

18. <u>中間</u>에 그만두고 싶지만 꾹
    참았습니다.
19. 이상 기후가 <u>每年</u> 증가하고 있다
20. 독립운동가는 <u>國立</u>묘지에
    안장되었습니다.
21. <u>工場</u>에   나났
22.

❖ **모의한자능력시험**
실제 시험과 똑같은 답안지와
함께 제공되어 실제 시험처럼
풀면서 실전 감각을 익힐 수 있습니다.

재미있게 놀며 다시 한번 복습을…

❖ **8급, 7급 Ⅱ 한자 복습**
8급과 7급Ⅱ 급수한자에서 배운 한자 100자를
필순에 맞게 다시 한번 쓰면서 복습합니다.

❖ **만화 사자성어**
사자성어를 만화로 쉽게 이해할 수 있게
구성하였습니다. 배운 사자성어를 생활 속에서
적절히 사용해 보세요.

찾아보기 (7급 50자)

ㄱ

歌 (가) −87
口 (구) −26
旗 (기) −13

ㄷ

同 (동) −29
洞 (동) −30
冬 (동) −82
登 (등) −14

ㄹ

來 (래) −8
老 (로) −10
里 (리) −15
林 (림) −16

ㅁ

面 (면) −17
命 (명) −32
文 (문) −62
問 (문) −33

ㅂ

百 (백) −53
夫 (부) −34

ㅅ

算 (산) −65
色 (색) −35
夕 (석) −84
少 (소) −11
所 (소) −44
數 (수) −64
植 (식) −31
心 (심) −85

ㅇ

語 (어) −9
然 (연) −68
有 (유) −46
育 (육) −51
邑 (읍) −49
入 (입) −27

ㅈ

字 (자) −63

ㅈ (조)

祖 (조) −50
住 (주) −48
主 (주) −47
重 (중) −45
地 (지) −66
紙 (지) −70

ㅊ

天 (천) −67
川 (천) −52
千 (천) −86
草 (초) −12
村 (촌) −88
秋 (추) −81
春 (춘) −80
出 (출) −28

ㅍ

便 (편/변) −69

ㅎ

夏 (하) −83
花 (화) −89
休 (휴) −71

來
올 래

語
말씀 어

老
늙을 로

少
적을/젊을 소

草
풀 초

旗
기 기

登
오를 등

里
마을 리

林
수풀 림

面
낯 면

來 語老少草旗登里林面

來
올 래 (人부)

보리 모양을 본뜬 한자입니다.

엄마, 보리밥은 정말 맛있어요.

정말 맛있지? 보리는 하늘에서 내려 온 행운의 곡식이라고 한단다.

필순에 따라 써 보세요	來來來來來來來來 (총 8획)

來	來	來	來	來	來
올 래					
來	來	來			

· 外來(외래): 밖이나 외국에서 들어 옴.　　· 來日(내일): 오늘의 바로 다음날.

월   일 확인:

來(語)老少草旗登里林面

語
말씀 어 (言부)

言 + 吾 = 語

뜻을 결정한 말씀 언(言)과 발음을 결정한 나 오(吾)가 합쳐진 한자입니다.

國語
英語

주절
주절

민희는 다른 사람에게 자기 생각을 잘 전달하는 것 같아.

맞아, 민희는 정말 말을 잘해.

부럽다...

필순에 따라 써 보세요   語語語語語語語語語語語語語語 (총 14획)

語

말씀 어

· 外來語(외래어): 외국에서 들어온 말이 널리 쓰여 우리말처럼 쓰이는 말(버스, 피아노 등).

來語(老)少草旗登里林面

老

늙을 로 (老부)

老 → 老 → 老

등을 구부리고 지팡이를 짚고 있는 모습을 본뜬 한자입니다.

아이고, 허리야.
허리를 다쳐서
똑바로 펼 수가 없네.

구부러진 등에, 지팡이까지.
지금 삼촌 같은 모습을 본뜬 글자가
늙을 로(老)라고 했는데…
삼촌, 잠깐만!
다른 애들도 보여 주게…

필순에 따라 써 보세요   老 老 老 老 老 老 (총 6획)

老	老	老	老	老	老
늙을 로					
老	老	老			

· **長老**(장로): 나이가 많고 덕이 높은 사람.   . **老人**(노인): 나이 들어 늙은 사람.

10

來語老 少 草旗登里林面

적을/젊을 **소** (小부)

여러 개의 작은 모래알이 흩어져 있는 모습을 본뜬 한자입니다.

왜 오빠보다
내 사탕 개수가
더 적은 거야?

그건 내가 너보다 나이가 많고,
밥도 많이 먹고, 또 결정적으로
욕심이 많기 때문이지.

동생보다 아는 한자
개수는 더 적으면서…

필순에 따라 써 보세요	⏐ 小 小 少 (총 4획)

少

적을/젊을 **소**

· 老少(노소): 젊은이와 늙은이를 아우르는 말.

11

來語老少 草 旗登里林面

草

풀 초 (艸부)

艹 + 早 = 草

풀의 모양과 발음을 결정한 이를 조(早)가 합쳐진 한자입니다.

아빠, 삐죽삐죽 솟아 올라온 풀이 초 두(艹)를 닮았어요.

그래서 발음을 결정한 이를 조(早) 위에 초 두(艹)가 올려져서 풀 초 (草)가 된 거란다.

필순에 따라 써 보세요   草草草草草草草草草草 (총 10획)

草	草	草	草	草	草
풀 초					
草	草	草			

· **草家**(초가): 짚이나 갈대 등으로 지붕을 인 집.

12

來語老少草 旗 登里林面

旗
기 기 (方부)

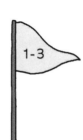 㫃 + 其 = 旗

깃대와 깃발의 모양(㫃)에 음을 나타내는 그 기(其)가 합쳐진 한자입니다.

모두 깃발 앞으로 모이세요.

1-3

네에~

| 필순에 따라 써 보세요 | 旗旗旗旗旗旗旗旋旗旗旗旗旗旗 (총 14획) |

旗
기 기

·旗手(기수): 앞에 서서 기를 든 사람.

13

來語老少草旗 登 里林面

登

오를 등 (癶부)

 → → 登

그릇을 들고 계단을 올라가는 모습을 본뜬 한자입니다.

2층에 있는 아버지께 차를 갖다드리렴.

그릇을 들고 계단을 올라갈 때는 조심조심 발 밑을 보고 가야해.

필순에 따라 써 보세요	登登登登登登登登登登登登 (총 12획)			
登	登	登	登	登
오를 등				
	登	登	登	

· 登山(등산) : 산에 오름.

14

來語老少草旗登 里 林面

里

마을 리 (里부)

 ➡ 里 ➡ 里

밭[田]과 흙[土]의 모습을 본뜬 한자입니다.

옛날 사람들은 어떻게 살았을까?

대부분 농사를 짓고 살았지.

아하! 그래서 마을 리(里)도 흙 토(土)와 밭 전(田)이 합쳐져서 만들어졌구나.

필순에 따라 써 보세요   里 里 里 里 里 里 里 (총 7획)

里	里	里	里	里	里
마을 리					
里	里	里			

·海里(해리): 바다의 거리를 나타내는 단위. 1海里는 1.852미터로 1里(약 393미터)와 다르다.

·里長(이장): 행정구역의 하나인 이(里)를 대표하여 사무를 맡아보는 사람.

來語老少草旗登里 (林) 面

나무와 나무가 합쳐져 숲을 이룬 모습을 나타낸 한자입니다.

林
수풀 림 (木부)

음~, 숲속이라서 공기가 정말 맑다.

이게 모두 나무 덕분이지. 아니 나무들 덕분! 나무(木) + 나무(木)가 바로 수풀림(林)이거든.

필순에 따라 써 보세요	林 林 林 林 木 朴 林 林	(총 8획)

林	林	林	林	林	林
수풀 림					
林	林	林			

· 山林(산림) : 산과 숲, 산에 있는 숲.   · 林木(임목) : 수풀의 나무.

16

來語老少草旗登里林 面

面
낯 면 (面부)

눈(目)을 강조한 얼굴 모습을 본뜬 한자입니다.

넌 네 얼굴 중에서 어디가제일 자신있어?

고양이 눈이 제일 예쁘지!

물론 눈이지. 얼굴에서 가장 중요한 포인트는 역시 눈 아니겠니?

필순에 따라 써 보세요	面面面面面面面面面 (총 9획)			
面	面	面	面	面
낯 면				
	面	面		

· **場面**(장면): 겉으로 드러난 면이나 벌어진 광경.

 눈 목(目)을 어디서 봤죠?
바로 곧을 직(直)에서 나온 그 눈이에요!

훈장님 : 이제 7급이구나. 7급도 잘 할 수 있겠지?

가벼운 마음으로 아래 한자의 음을 써 보거라.

옥동자 : 네, 훈장님. 열심히 해 볼게요.

1. 미來(   )의 주인공은 바로 여러분입니다.

2. 우리 누나는 영語(   )를 잘합니다.

3. 아버이날에 마을회관에서 경老(   )잔치가 열렸습니다.

4. 어린 少女(   )가 오빠를 따라 뛰어갑니다.

5. 트리케라톱스는 草食(   )공룡입니다.

6. 동생은 태극旗(   )를 잘 그립니다.

7. 누나는 혼자서 登校(   ) 준비를 합니다.

8. 다음 기차역은 十里(   )를 더 가야합니다.

9. 이 밀林(   )에는 다양한 동물들이 살아갑니다.

10. 큰아버지께서는 우리 마을의 面長(   )이십니다.

 훈장님 : 실력이 쑥쑥 느는 구나. 이제 더 쉬운 선택형 문제를 풀어 볼까?

11. 보리 모양을 본뜬 한자는?

   ① 里   ② 林   ③ 來   ④ 少

12. 말씀 어(語)의 왼쪽에 붙은 한자의 뜻은?

   ① 말   ② 노래   ③ 모습   ④ 사람

13. 지팡이를 짚고 걸어가는 산발한 노인의 모습을 본뜬 한자는?

   ① 老   ② 來   ③ 少   ④ 草

14. 모래처럼 작은 물체들이 흩어져 있는 모습을 본따 '적다'라는 뜻의 한자는?

   ① 旗   ② 登   ③ 少   ④ 草

15. '풀'이라는 뜻을 가진 한자는?

   ① 旗   ② 登   ③ 林   ④ 草

16. '깃발'이라는 뜻을 가진 한자는?

   ① 旗   ② 登   ③ 里   ④ 面

17. 다음 밑줄 친 단어에 들어가는 공통된 한자는?

   [요즘 등교할 때나 등산을 할 땐 언제나 옷을 두둑이 입고 가야 한다.]

   ① 登   ② 老   ③ 里   ④ 林

18. 마을 리(里)자 안에 숨어 있는 한자는?

   ① 田   ② 上   ③ 人   ④ 下

19. 두 개의 나무가 합쳐져서 만들어진 한자는?

   ① 山   ② 來   ③ 林   ④ 老

20. 얼굴 모습을 본뜬 한자로 가운데 눈(目)이 들어 있는 한자는?

   ① 草   ② 登   ③ 里   ④ 面

훈장님 : 정말 잘했다!

옥동자 : 이정도야 보통이죠!

1. 다음 밑줄 친 漢字語(한자어)의 音(음:소리)을 쓰세요.

> 〈보기〉　漢字 → 한자

1) 한자 시험이 <u>來日</u>입니다. (　　　　　　)

2) <u>國語</u> 시간에 글짓기를 했어요. (　　　　　　)

3) 강아지를 끌고 <u>老人</u>이 산책을 나갔어요. (　　　　　　)

4) 어린 <u>少年</u>의 눈에 기쁨이 넘쳐났어요. (　　　　　　)

5) <u>草家</u>지붕 위에 박이 탐스럽게 열렸어요. (　　　　　　)

6) 우리나라의 <u>國旗</u>는 태극기입니다. (　　　　　　)

7) 아버지는 토요일마다 <u>登山</u>을 가십니다. (　　　　　　)

8) 오늘은 <u>里長</u> 집에서 마을 회의가 열립니다. (　　　　　　)

9) 훼손된 <u>山林</u>을 복구하려 노력했어요. (　　　　　　)

10) 영화의 슬픈 <u>場面</u>을 보고 눈물을 흘렸어요. (　　　　　　)

2. 다음 漢字(한자)의 訓(훈:뜻)과 音(음:소리)을 쓰세요.

> 〈보기〉　字 → 글자 자

1) 來 (　　　　) 　　　　　　2) 語 (　　　　)

3) 老 (   )   4) 少 (   )

5) 草 (   )   6) 旗 (   )

7) 登 (   )   8) 里 (   )

9) 林 (   )   10) 面 (   )

3. 다음 밑줄 친 단어의 漢字語(한자어)를 〈보기〉에서 골라 그 번호를
   쓰세요.

〈보기〉   ① 來日   ② 男女老少   ③ 東西南北   ④ 來年

1) 피해 복구 모금에 남녀노소 모두가 참가하였다. (   )

2) 동생은 내년에 초등학교에 갑니다. (   )

4. 다음 漢字(한자)의 상대 또는 반대되는 漢字(한자)를 보기에서 골라 그
   번호를 쓰세요.

〈보기〉   ① 外   ② 老   ③ 來   ④ 里

1) 內 ←—→ (　　　　　　)

2) (　　　　　　) ←—→ 少

5. 다음 訓(훈:뜻)과 音(음:소리)에 맞는 漢字(한자)를 보기에서 골라 그 번호를 쓰세요.

〈보기〉　① 來　　② 語　　③ 老　　④ 少　　⑤ 草
　　　　　⑥ 旗　　⑦ 登　　⑧ 里　　⑨ 林　　⑩ 面

1) 올 래 (　　　　　)

2) 낯 면 (　　　　　)

3) 수풀 림 (　　　　　)

4) 풀 초 (　　　　　)

5) 말씀 어 (　　　　　)

6) 적을/젊을 소 (　　　　　)

7) 마을 리 (　　　　　)

8) 기 기 (　　　　　)

9) 늙을 로 (　　　　　)

10) 오를 등 (　　　　　)

6. 다음 漢字語(한자어)의 뜻을 쓰세요.

1) 登山 (   )

2) 山林 (   )

7. 다음 漢字(한자)의 화살표가 있는 획은 몇 번째 쓰는지 〈보기〉에서 찾아
   그 번호를 쓰세요.

23

〈보기〉 ① 첫 번째   ② 두 번째   ③ 세 번째   ④ 네 번째

⑤ 다섯 번째 ⑥ 여섯 번째 ⑦ 일곱 번째 ⑧ 여덟 번째

⑨ 아홉 번째 ⑩ 열 번째   ⑪ 열한 번째 ⑫ 열두 번째

⑬ 열세 번째 ⑭ 열네 번째

1) 草   (   )

2) 旗   (   )

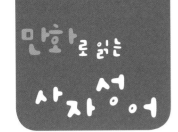

苦盡甘來 (고진감래)

고통이 다하면 즐거움이 온다는 뜻으로, 역경(逆境)과 고생 끝에 즐거움이 찾아온다는 말입니다.

❖ 苦:쓸 고, 盡:다할 진, 甘:달 감, 來:올 래

7급 과정

口 입 구

入 들 입

出 날 출

同 한가지 동

洞 골 동

植 심을 식

命 목숨 명

問 물을 문

夫 지아비 부

色 빛 색

입 **구** (口부)

사람의 입 모양을 본뜬 한자입니다.

파리가 들어가겠다. 입 좀 다물어. 왜 그렇게 입을 벌리고 있는 거야?

입 구(口)자 잊어 버릴까봐서. 너도 해봐. 이렇게 하면 기억하기 쉬워. 침을 좀 흘려서 그렇지.

아이, 더러워. 침은 나도 안 흘리는데…

필순에 따라 써 보세요   口 口 口 (총 3획)

口					
입 구					

· 食口(식구): 한 집에 살면서 끼니를 같이하는 사람.

26

월 일 확인:

口 入 出 同 洞 植 命 問 夫 色

入

들 **입** (入부)

화살의 뾰족한 끝을 본뜬 한자입니다.

화살 끝이 정확하게 나무 구멍으로 들어갔네!

그래서 이 화살의 뾰족한 끝 모양을 닮은 '入'이 '들어간다'라는 뜻을 가지게 된 거야.

필순에 따라 써 보세요 入 入 (총 2획)

入

들 **입**

· 入口(입구): 들어가는 어귀.

앗! 조심해요 八(여덟 팔), 人(사람 인), 入(들 입)! 모양은 비슷하지만 뜻은 다르니 조심하세요.

월   일 확인:

出

날 출 (ㄴ부)

口入 出 同洞植命問夫色

발과 어떤 입구의 모습을 본뜬 한자입니다.

밖에 나갈 때는 엄마한테 얘기하고 나가야한다.

네. 그런데 엄마, 저 지금 나가도 될까요? 킥킥킥—

28

필순에 따라 써 보세요   出 出 出 出 出 (총 5획)

出

날 출

· 出入(출입): 나가고 들어옴.

口 入 出 (同) 洞 植 命 問 夫 色

同
한가지 **동** (口부)

凡 + 口 = 同

모두(凡: 무릇 범)가 입(口)으로 똑같이 말하는 모습으로 '한가지'라는 뜻의 한자입니다.

이 반찬을 싫어 하는
사람은 없을까요?

모두가 함께 해달라고
한 반찬을 준비했어.

우리도 똑같은
한가지!

필순에 따라 써 보세요	同 同 同 同 同 同 　(총 6획)

同	同	同	同	同	同
한가지 **동**					

· 同時(동시) : 같은 때, 같은 시기.　＊ 한가지 : 성질, 형태, 동작 등이 서로 같은 것.

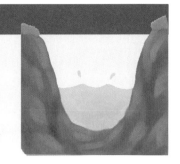

口入出同 洞 植命問夫色

氵 + 同 = 洞

洞
골 동 (氵/水부)

뜻을 결정한 물 수(水/氵)와 발음을 결정한 한가지 동(同)이 합쳐져 '골, 골짜기, 고을'이라는 뜻의 한자입니다.

에구 무서워. 골짜기가 이렇게 깊다니… 게다가 물까지 있네.

힘내.

어서 와. 여기만 건너면 우리 동(洞)네야.

| 필순에 따라 써 보세요 | 洞洞洞洞洞洞洞洞洞 (총 9획) |

洞	洞	洞	洞	洞	洞
골 동					
	洞	洞	洞		

· 洞口(동구): 동네 어귀.

口入出同洞 植 命問夫色

植
심을 **식** (木부)

木 + 直 = 植

나무 목(木)과 곧을 직(直)이 합쳐져 나무를 곧게 심는다는 뜻의 한자입니다.

오늘은 식목일! 나무를 심는날.

영차영차! 나무를 심자.

굵적 굵적

나는 머리를 심어야 하나.

필순에 따라 써 보세요 植植植植植植植植植植植植 (총12획)

植

심을 **식**

植 植 植

·植物(식물): 온갖 나무와 풀을 통틀어 이름.

재밌는 한자 나무를 심는 것을 '식목'이라고도 하고, 樹(나무 수)를 써서 '식수(植樹)'라고도 해요.

口入出同洞植 命 問夫色

命
목숨 명 (口부)

무릎 꿇은 사람에게 명령하는 모습을 본뜬 한자입니다.

집[스] 모양 아래에 명령하는
입[口]과 그 옆에 무릎 꿇은 사람
모습을 본뜬 한자가 목숨
명(命)이라구?
그럼 우리 엄마·아빠 모습을
생각하면 되겠는 걸.

킥킥킥!

| 필순에 따라 써 보세요 | 命 命 命 命 命 命 命 命 (총 8획) |

命				
목숨 명				

· **生命**(생명): 살아 있는 상태. 또는 살아 있게 하는 힘.

問

물을 **문** (口부)

口入出同洞植命 問 夫色

'道'란 무엇인지요?

門 + 口 = 問

문 문(門)과 입 구(口)가 합쳐진 한자입니다.

여기가 준호네 맞나요?

여기가 바로 준호네야. 문 앞에서 묻지 말고 어서 들어오렴.

필순에 따라 써 보세요	問 問 問 問 問 問 問 問 問 問 (총11획)

問	問	問	問	問	問
물을 **문**					
問	問	問			

· 問答(문답): 물음과 대답. 또는 서로 묻고 대답함.

재밌는 한자 문[門]에 입[口]이 붙으면 물을 문(問), 귀[耳]가 붙으면 들을 문(聞)이 돼요.

口 入 出 同 洞 植 命 問 (夫) 色

夫
지아비 부 (大부)

머리에 상투를 튼 모습을 본뜬 한자입니다.

에헴, 나도 이제 장가를 갔으니 상투도 틀고 어른이 되었군.

나도 빨리 장가가서 어른이 되고 싶다.

나도!

| 필순에 따라 써 보세요 | 夫 夫 夫 夫 (총 4획) |

夫	夫	夫	夫	夫	夫
지아비 부					
夫	夫	夫			

· 工夫(공부): 학문이나 기술을 배움.

잠깐만! '지아비'란 '남편'을 말해요.

34

口 入 出 同 洞 植 命 問 夫 色

色

빛 색 (色부)

무릎 꿇은 사람이 상대방의 얼굴 빛을 살피는 모습을 본뜬 한자입니다.

엄마가 화나셨나 얼굴 빛을 살펴 봐.

그러게 조심하라니까.

필순에 따라 써 보세요	色色色色色色 (총 6획)

色	色	色	色	色	色
빛 색					
色	色	色			

· **靑色(청색)**: 푸른 빛.

훈장님 : 우리 앞에서 배운 10자를 복습해 보자, 벌써 잊어버린 건 아니겠지?

문제를 잘 읽고 한자의 음을 써 보아라.

옥동자 : 네, 훈장님. 열심히 해 볼게요.

1. 우리나라 人口(   ) 중에서 노인의 비율이 점점 높아지고 있습니다.

2. 나무를 보호하기 위해 이 산은 入山(   )이 금지되었습니다.

3. 여기는 관계자 외에 出入(   )이 금지된 곳입니다.

4. 두 학생은 同時(   )에 도착하였습니다.

5. 저분은 우리 洞(   )의 洞長(   )입니다.

6. 내일은 나무를 심는 植木日(   )입니다.

7. 부탁하면서 命(   )령하듯이 이야기하는 것은 좋지 않습니다.

8. 선생님은 우리들의 질 問(   )에 언제나 친절하게 답해 주십니다.

9. 엄마와 아빠는 夫(   )부입니다.

10. 나는 잘 익은 주홍 色(   )감을 제일 좋아합니다.

훈장님 : 이제 이런 선택형 문제는 누워서 떡 먹기겠는 걸? 파이팅!

11. 명령하는 모습을 본뜬 한자는?

　① 命　　　② 夫　　　③ 洞　　　④ 出

12. '묻다'라는 뜻을 가진 한자는?

　① 口　　　② 同　　　③ 間　　　④ 問

13. '지아비, 남편'이라는 뜻을 가진 한자는?

　① 入　　　② 夫　　　③ 口　　　④ 同

14. 빨강, 노랑, 검정 등은 무엇을 말하는가?

　① 間　　　② 出　　　③ 植　　　④ 色

15. 사람의 입 모양을 본뜬 한자는?

　① 色　　　② 口　　　③ 入　　　④ 出

16. '골, 골짜기' '고을'이라는 뜻을 가진 한자는?

　① 洞　　　② 同　　　③ 口　　　④ 命

17. 사람 인(人)과 비슷하게 생겼지만 '들어가다'라는 뜻을 가진 한자는?

　① 夫　　　② 入　　　③ 出　　　④ 同

18. '나가다'라는 뜻을 가진 한자는?

　① 口　　　② 入　　　③ 出　　　④ 夫

19. '한가지'라는 뜻으로 음(소리)이 '동'인 한자는?

　① 洞　　　② 同　　　③ 間　　　④ 門

20. '심는다'라는 뜻을 가진 한자는?

　① 色　　　② 洞　　　③ 出　　　④ 植

 훈장님 : 우리 옥동자 정말 장하구나!

 옥동자 : 8급, 7급Ⅱ 한자를 다 알아서 그런지 더 쉬운 것 같아요.

1. 다음 밑줄 친 漢字語(한자어)의 音(음:소리)을 쓰세요.

〈보기〉 漢字 → 한자

1) 같은 집에 살며 끼니를 같이 하는 사람을 食口라고 합니다. (   )

2) 사촌 형이 이번에 대학에 入學했어요. (   )

3) 出口에서 손을 흔들며 나타났어요. (   )

4) 모두가 同一한 방향으로 노를 저었습니다. (   )

5) 洞口 밖 과수원 길 (   )

6) 정원에는 다양한 植物이 자라고 있어요. (   )

7) 소방관 아저씨들이 환자의 生命을 구했어요. (   )

8) 강연이 끝나고 問答 시간을 가질 것입니다. (   )

9) 工夫를 열심히 했어요. (   )

10) 눈이 온 후에 白色의 세계가 펼쳐졌어요. (   )

2. 다음 漢字(한자)의 訓(훈:뜻)과 音(음:소리)을 쓰세요.

〈보기〉 字 → 글자 자

1) 口 (   )   2) 入 (   )

3) 出　(　　　　)　　　4) 同　(　　　　)

5) 洞　(　　　　)　　　6) 植　(　　　　)

7) 命　(　　　　)　　　8) 問　(　　　　)

9) 夫　(　　　　)　　　10) 色　(　　　　)

3. 다음 밑줄 친 단어의 漢字語(한자어)를 〈보기〉에서 골라 그 번호를 쓰세요.

〈보기〉　①農夫　②工夫　③東問西答　④男女老少

1) 동문서답하지 말고 성의 있게 대답해라! (　　　　　)

2) 부지런한 농부가 잡초를 뽑고 있다. (　　　　　)

4. 다음 漢字(한자)의 상대 또는 반대되는 漢字(한자)를 보기에서 골라 그 번호를 쓰세요.

〈보기〉　①老　②問　③少　④入

1) 出 ⟷ (　　　　　)

2) (   ) ←——→ 答

5. 다음 訓(훈:뜻)과 音(음:소리)에 맞는 漢字(한자)를 보기에서 골라 그 번호를 쓰세요.

〈보기〉　①命　②問　③夫　④色　⑤口
　　　　　⑥洞　⑦入　⑧出　⑨同　⑩植

1) 물을 문 (   )

2) 골 동 (   )

3) 한가지 동 (   )

4) 목숨 명 (   )

5) 심을 식 (   )

6) 날 출 (   )

7) 지아비 부 (   )

8) 입 구 (   )

9) 빛 색 (   )

10) 들 입 (   )

6. 다음 漢字語(한자어)의 뜻을 쓰세요.

  1) 入學 (   )

  2) 白色 (   )

7. 다음 漢字(한자)의 화살표가 있는 획은 몇 번째 쓰는지 〈보기〉에서 찾아
   그 번호를 쓰세요.

> 〈보기〉 ① 첫 번째   ② 두 번째   ③ 세 번째   ④ 네 번째
>
> ⑤ 다섯 번째 ⑥ 여섯 번째 ⑦ 일곱 번째 ⑧ 여덟 번째
>
> ⑨ 아홉 번째 ⑩ 열 번째   ⑪ 열한 번째 ⑫ 열두 번째
>
> ⑬ 열세 번째 ⑭ 열네 번째

1) 植   (   )

2) 命   (   )

杜門不出 (두문불출)

문 밖으로 나가지 않고, 안에서만 꼼짝 않고 있는 것을 뜻합니다.

하늘아 미리네 가자.

응, 갔다 와.

김하늘! 왜 그래? 열이라도 있냐?

오늘은 '두문불출' 공부만 할 거야.

내 몫까지 열심히 해라.

엄마, 저 미리네 다녀올게요.

하늘이는?

문 밖으로 나오지도 않고 공부만 한대요.

정말?

흠, 성적이 오르면 인라인 스케이트를 사 주기로 약속했지.

❖ 杜 : 막을 두, 門 : 문 문, 不 : 아닐 불, 出 : 날 출

7급 과정

所
바 소

重
무거울 중

有
있을 유

主
주인/임금 주

住
살 주

邑
고을 읍

祖
할아버지/조상 조

育
기를 육

川
내 천

百
일백 백

所 重有主住邑祖育川百

변 소

所

바 소 (戶부)

户 + 斤 = 所

도끼 소리라는 뜻에서 '곳, 장소', '바'라는 의미로 변한 한자입니다.

이 도끼 주인을
빨리 찾아야하는데…
앗, 도끼 소리다!
어디서 나는 소리지?

소리를 결정한 户(집 호)와 도끼 모양의
斤(도끼 근)이 합친 도끼 소리가 장소라는 뜻이 됐군.
바 소(所) 바 소(所)… 중얼중얼중얼~

필순에 따라 써 보세요   所 所 所 所 所 所 所 所 (총 8획)

所

바 소

· 場所(장소): 일이 이루어지거나 일어난 곳.

기억나요? 집 호(戶)는 한 쪽 문짝의 모양을 본뜬 한자예요.
문의 모양을 본뜬 문 문(門)도 기억나죠?

44

重

무거울 **중** (里부)

所(重)有主住邑祖育川百

사람이 무거운 짐을 지고 가는 모습을 본뜬 한자입니다.

뭘 그렇게 무겁게 등에 지고 가니? 네 뒷모습을 보니까 무거울 중(重)이 어떻게 생겼는지 알 것 같다.

아이고, 무거워라! 도대체 뭐가 들어 있는 거야?

연약한 나에게 이렇게 무거운 짐을…

필순에 따라 써 보세요

重重重重重重重重重 (총 9획)

重	重	重	重	重	重
무거울 **중**					
重	重	重			

· **所重**(소중) : 매우 귀중함.

기억나요? 무거울 중(重) 옆에 힘 력(力)이 있으면 움직일 동(動).

有

있을 유 (月부)

 →  → 有

손에 고기를 들고 있는 모습을 본뜬 한자입니다.

오늘 맛있는 쇠고기 국 끓여 줄게.

맛있겠다! 난 아무 생각도 안 나!

와.신난다.
그런데 엄마, 고기를 손에 들고
계신 모습을 보니까
있을 유(有) 자가 생각나요.

필순에 따라 써 보세요	ノ ナ 有 有 有 有 (총 6획)

有

있을 유

· 所有(소유) : 가지고 있음. 또는 그 물건.

46

所 重 有 (主) 住 邑 祖 育 川 百

주인/임금 **주** (丶부)

햇불 모양을 본뜬 한자입니다.

불을 가지는 사람이
이 땅의 주인이다.

주인님!

| 필순에 따라 써 보세요 | 主 主 二 主 主 | (총 5획) |

主

주인/임금 **주**

· 主人(주인): 물건의 임자.

所 重 有 主 (住) 邑 祖 育 川 百

住

살 주 (1부)

イ + 主 = 住

뜻을 결정한 사람 인(人)과 발음을 결정한 주인 주(主)가 합쳐진 한자입니다.

주택의 주(住)는 분명히 사람이 사는 곳이라는 뜻인데 집에 무슨 호랑이가 산다고 난리야?

우리 집 주인(主人)이 바로 그 호랑이라고. 옆에 있기만 해도 덜덜 떨린다니까.

필순에 따라 써 보세요	住住住住住住住 (총 7획)

住

살 주

· 住所(주소) : 사람이 살고 있는 곳이나 기관, 회사 등이 자리 잡은 곳.

앗, 조심! '주인'의 '주'자는 '主(주인 주)'를 써야 해요.

고을 **읍** (邑부)

所 重 有 主 住 邑 祖 育 川 百

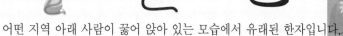

어떤 지역 아래 사람이 꿇어 앉아 있는 모습에서 유래된 한자입니다.

훈장님, 고을 읍(邑)은 어떻게 만들어진 한자인가요?

어떤 지역을 나타내는 '口'와 사람이 꿇어 앉아 있는 모습을 합친 한자지.

필순에 따라 써 보세요	邑 邑 邑 邑 邑 邑 邑 (총 7획)

邑	邑	邑	邑	邑	邑
고을 **읍**					
邑	邑	邑			

· 邑內(읍내): 읍의 구역 안.

49

所 重 有 主 住 邑 (祖) 育 川 百

祖

할아버지/조상 **조** (示부)

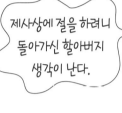

제사를 지내는 위패와 제기의 모양을 본뜬 한자입니다.

제사상에 절을 하려니 돌아가신 할아버지 생각이 난다.

영준아, 할아버지께 얼른 절해야지.

필순에 따라 써 보세요	祖 祖 祖 祖 祖 祖 祖 祖 祖 (총 10획)			
祖	祖	祖	祖	祖
할아버지/조상 **조**				
祖	祖	祖		

· 祖上(조상) : 돌아가신 어버이 위로 대대의 어른.

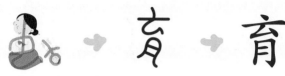

育

기를 **육** (月(肉)부)

아기가 거꾸로 태어나는 모습에서 유래된 한자입니다.

엄마, 기를 육(育)은 너무 어려워요.

肉

아이가 커가면서 살이 붙는다고 해서 고기 육(肉, 月:육달월)이 더해진 걸로 생각하면 쉽단다.

필순에 따라 써 보세요   育育育育育育育育 (총 8획)

育				
기를 **육**				

·**敎育**(교육): 지식을 가르치고 인격을 길러 줌.

所 重 有 主 住 邑 祖 育 (川) 百

川

내 천 (巛부)

시냇물이 흘러가는 모습을 본뜬 한자입니다.

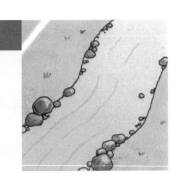

필순에 따라 써 보세요   川 川 川   (총 3획)

川					
내 천					

· 山川(산천): '산과 내'라는 뜻으로, '자연'을 이르는 말로도 사용한다.

所重有主住邑祖育川 百

百

일백 백 (白부)

一 + 白 = 百

한 일(一)과 흰 백(白)이 합쳐진 한자입니다.

저는 힘이 세서 백(百)사람 몫의 일을 할 수 있습니다요. 뭐든지 시켜만 주십시요!

그래? 그런데 혹시 밥도 백(百) 그릇씩 먹어치우는 거 아니냐? 그건 좀 곤란한데…

필순에 따라 써 보세요	百百百百百百 (총 6획)

百

일백 백

· 百姓(백성): 예전에 관직이 없는 일반 평민을 이르는 말. 또는 국민을 예스럽게 이르는 말로도 사용한다.

기억나요? 일(一), 십(十), 백(百), 천(千), 만(萬)… 이제 일천 천(千)만 배우면 숫자는 거의 다 배웠어요.

훈장님 : 네가 좋아하는 한자 음 쓰기 문제다. 잘 할 수 있지?

옥동자 : 네, 훈장님. 문제 없어요.

1. 길에서 주운 물건을 파출 所(   )에 맡겼어요.

2. 체 重(   )이 너무 무거워 다이어트를 해야 합니다.

3. 우유병에 쓰여있는 有(   )효 기간을 확인해라.

4. 이 영화의 主(   )인공은 매우 잘 생겼습니다.

5. 친구들 중에 住(   )택에 사는 아이들이 더 적습니다.

6. 조선을 건국한 이성계는 도 邑(   )을 한양으로 옮겼습니다.

7. 이 식당이 부대찌개의 원 祖(   )라고 합니다.

8. 우리 반은 체 育(   )대회에서 우승을 하였습니다.

9. 하 川(   )이 깨끗해야 물고기들이 돌아옵니다.

10. 오늘은 사촌 동생 百日(   )잔치를 하는 날입니다.

 훈장님 : 정말 이제 척척이구나. 선택형 문제도 단숨에 해 버리자.

11. '山所'의 음(소리)을 쓰세요.

   (   )

12. '무겁다'는 뜻으로 음(소리)이 '중'인 한자는?

   ① 祖   ② 主   ③ 住   ④ 重

13. '住'의 왼쪽에 위치하고 있는 '인'의 원래 모습은?

   ① 山   ② 人   ③ 水   ④ 川

14. '있다'라는 뜻을 가진 한자는?

   ① 所   ② 主   ③ 有   ④ 川

15. '주인'이라는 뜻을 가진 한자는?

   ① 住   ② 主   ③ 邑   ④ 祖

16. 무릎 꿇고 있는 사람의 모습이 있는 한자는?

   ① 住   ② 育   ③ 邑   ④ 百

17. '할아버지, 조상'이라는 뜻을 가진 한자는?

   ① 所   ② 住   ③ 祖   ④ 育

18. 태어나는 아기의 모습이 있는 한자는?

   ① 住   ② 有   ③ 育   ④ 百

19. 물이 흘러가는 모습을 본뜬 한자는?

   ① 有   ② 主   ③ 育   ④ 川

20. '一'과 '白'을 합쳐서 만든 '일백'이라는 뜻의 한자는?

   ① 有   ② 祖   ③ 育   ④ 百

훈장님 : 어려웠을 텐데 잘 하는구나. 조금만 더 힘내자.

옥동자 : 네, 훈장님. 끝까지 해 볼 거예요.

1. 다음 밑줄 친 漢字語(한자어)의 音(음:소리)을 쓰세요.

〈보기〉 漢字 → 한자

1) 약속 場所를 미리 정하자! (   )

2) 가장 所重한 것은 가족입니다. (   )

3) 이 산은 아름다운 경치로 有名합니다. (   )

4) 우리나라 사람들의 主食은 밥입니다. (   )

5) 홍수가 나자 住民들은 긴급히 대피하였습니다. (   )

6) 이 길이 邑內로 가는 길입니다. (   )

7) 祖上 대대로 살아가는 마을 사람들 (   )

8) 敎育을 받을 수 있는 기회가 보장되어야 합니다. (   )

9) 고향 山川을 매일 그리워합니다. (   )

10) 百姓들을 가엾게 여겨 한글을 만드셨어요. (   )

2. 다음 漢字(한자)의 訓(훈:뜻)과 音(음:소리)을 쓰세요.

〈보기〉 字 → 글자 자

1) 所 (   )   2) 重 (   )

3) 有 (   ) 4) 主 (   )

5) 住 (   ) 6) 邑 (   )

7) 祖 (   ) 8) 育 (   )

9) 川 (   ) 10) 百 (   )

3. 다음 밑줄 친 단어의 漢字語(한자어)를 〈보기〉에서 골라 그 번호를 쓰세요.

〈보기〉 ①所重 ②二重 ③祖國 ④祖上

1) 찢어지지 않게 이중으로 포장하였다. (   )

2) 그는 평생 조국의 독립을 위하여 노력했다. (   )

4. 다음 漢字(한자)의 상대 또는 반대되는 漢字(한자)를 보기에서 골라 그 번호를 쓰세요.

〈보기〉 ①川 ②林 ③不 ④空

1) 山 ←──→ (　　　　　　)

2) (　　　　　　) ←──→ 正

5. 다음 訓(훈:뜻)과 音(음:소리)에 맞는 漢字(한자)를 보기에서 골라 그 번호를 쓰세요.

〈보기〉　① 所　② 重　③ 住　④ 有　⑤ 主
　　　　　⑥ 邑　⑦ 祖　⑧ 育　⑨ 川　⑩ 百

1) 내 천 (　　　　　　)

2) 무거울 중 (　　　　　　)

3) 주인/임금 주 (　　　　　　)

4) 바 소 (　　　　　　)

5) 살 주 (　　　　　　)

6) 일백 백 (　　　　　　)

7) 기를 육 (　　　　　　)

8) 있을 유 (　　　　　　)

9) 고을 읍 (　　　　　　)

10) 할아버지/조상 조 (　　　　　　)

6. 다음 漢字語(한자어)의 뜻을 쓰세요.

1) 有名 (   )

2) 主人 (   )

7. 다음 漢字(한자)의 화살표가 있는 획은 몇 번째 쓰는지 〈보기〉에서 찾아
   그 번호를 쓰세요.

〈보기〉 ① 첫 번째   ② 두 번째   ③ 세 번째   ④ 네 번째

　　　　　 ⑤ 다섯 번째 ⑥ 여섯 번째 ⑦ 일곱 번째 ⑧ 여덟 번째

　　　　　 ⑨ 아홉 번째 ⑩ 열 번째   ⑪ 열한 번째 ⑫ 열두 번째

　　　　　 ⑬ 열세 번째 ⑭ 열네 번째

1) 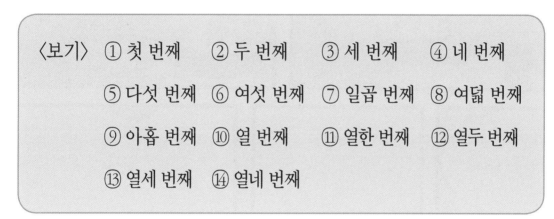　　(   )

2) 　　(   )

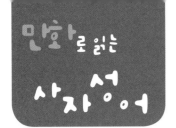

有口無言 (유구무언)

입은 있지만 변명이나 항변할 말이 없다는 뜻입니다.

❖ 有:있을 유, 口:입 구, 無:없을 무, 言:말씀 언

文
글월 문

字
글자 자

數
셈 수

算
셈 산

地
땅 지

天
하늘 천

然
그럴 연

便
편할 편, 똥오줌 변

紙
종이 지

休
쉴 휴

文 글월 문 (文部)

사람의 가슴에 문신을 새긴 모습을 본뜬 한자입니다.

잘 그려 줘.

어라, 그림이 한자처럼 보이네. 그림이 변한 글자라서 그렇구나.

이게 무슨 그림이지?

필순에 따라 써 보세요   文 文 文 文 (총 4획)

文	文	文	文	文	文
글월 **문**					
文	文	文			

· 漢文(한문): 한자로 쓰여진 글.

文 **字** 數 算 地 天 然 便 紙 休

字

글자 자 (子부)

집에 아이가 늘어나듯이 글자도 늘어난다는 뜻에서 유래된 한자입니다.

> 컴퓨터처럼 새로운 것이 발명될 때마다 옛날에는 없던 글자가 생겨난단다.

> 집에 아이가 새로 태어나듯이 글자도 자꾸 태어나는구나.

필순에 따라 써 보세요   字字字字字字 **(총 6획)**

字

글자 자

字

· **文字(문자)**: 언어를 적는데 사용하는 기호체계.

재밌는 한자   집 안에 여자가 있으면? 安(편안 안)
집 안에 돼지가 있으면? 家(집 가)
집 안에 아들이 있으면? 字(글자 자)

63

월　일 확인: _ _ _ _ _ _ _ _ _ _ _ _ _ _

文字 **數** 算地天然便紙休

數

셈 **수** (攵부)

막대기를 들고 포개 놓은 물건을 세는 모습을 본뜬 한자입니다.

도대체 이게 전부 몇 개일까?

1. 2. 3 4

막대기를 들고 이렇게 하나씩 세어 보면 되겠구나.

64

필순에 따라 써 보세요	數 數 數 數 數 數 數 數 數 數 數 數 數 數 數 (총 15획)

數	數	數	數	數	數
셈 **수**					
數	數	數			

· **數學**(수학): 수량 및 도형의 성질이나 관계를 연구하는 학문.

文字數(算)地天然便紙休

算

셈 산 (竹부)

주판으로 계산하는 모습을 본뜬 한자입니다.

'셈 산'은 어떻게 만들어진 걸까?

주판은 대나무로 만들었으니까 맨 위에 대나무 죽(竹), 아랫부분은 두 손으로 주판[目]을 퉁기면서 계산하는 모습이야.

필순에 따라 써 보세요	算算算算算算算算算算算算算算 (총 14획)

65

算	算	算	算	算	算
셈 산					
算	算	算			

· 算數(산수): 계산하는 방법. 또는 이를 가르치던 학과목.

文字數算 地 天然便紙休

地
땅 지 (土부)

土 + 也 = 地

뱀처럼 구불구불한 땅의 모양을 나타낸 한자입니다.

얘들아, 빨리 나와 봐. 산맥들이 우리처럼 구불구불하게 생겼어.

우리도 알아. 그러니까 흙 토(土)와 뱀 모양의 어조사 야(也)가 합쳐져서 땅 지(地)가 된 거잖아.

필순에 따라 써 보세요
地 地 地 地 地 地 (총 6획)

地

땅 지

· 地方(지방) : 어느 한 방면의 땅, 서울 이외의 지역.

월   일 확인:

天

하늘 천 (大부)

큰 대(大)와 하늘을 상징하는 한 일(一)이 합쳐진 한자입니다.

천국이 정말 있을까?

난 왜 안 되는 거야?

물론. 내 머리 위에 한 일(一)을 써 봐. 어때, 하늘 천(天)이 보이지? 내가바로 천국이야. 킥킥킥.

필순에 따라 써 보세요   天二天天 (총 4획)

天	天	天	天	天	天
하늘 **천**					
天	天	天			

67

· 天地(천지) : 하늘과 땅.

기억나요? 사람들의 다양한 자세를 닮은 한자들이 많아요. 人(사람 인), 北(북녘 북), 女(여자 녀), 母(어미 모)' 속의 사람 모습들. 기억나요?

文字數算地天 然 便紙休

然
그릴 연 (火/灬부)

원래 고기를 불에 태워 굽는 모습에서 유래된 한자입니다.

그럴 연(然)은 옛날에는 '고기를 불에 태우다'라는 뜻으로 쓰인 한자래.

그럼진짜 '불태우다'는 어떻게 쓰지?

불을 하나 더 붙여 燃(불탈 연)으로 쓴단다.

火 + 然 ➡ 燃

필순에 따라 써 보세요 　然 ク 夕 夕 夕 夕 外 狄 狄 狄 然 然 (총 12획)

然	然	然	然	然	然
그럴 **연**					
然	然	然			

· **天然**(천연): 사람의 힘을 가하지 않은 상태.

월   일 확인: _ _ _ _ _ _ _ _

文字數算地天然 **便** 紙休

便

편할 편, 똥오줌 변(亻부)

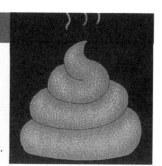

사람(人)이 불편함을 고쳐서(更:고칠 경) 편해진다는 한자입니다.

할머니!
대변(大便)이 대변이…
으으으~

콩콩!

아휴~ 이게
무슨 냄새지?

아이고, 어쩌지?
할머니 집은 시골이라
화장실이 많이 불편할 텐데…
그리고 문도 안 잠기고,
어쩌구 저쩌구~

필순에 따라 써 보세요	便 便 便 便 便 便 便 便 便 (총 9획)

便

편할 편, 똥오줌 변

69

· **男便(남편)**: 결혼하여 여자의 짝이 된 남자.

기억나요? 두 가지로 소리 나는 한자가 또 뭐가 있었죠?
車(수레 거/차)!

文字數算地天然便 紙 休

紙
종이 지 (糸부)

糸 + 氏 = 紙

뜻을 결정한 실 사(糸)와 발음을 결정한 성씨 씨(氏)가 합쳐진 한자입니다.

이거 우리 할아버지의 할아버지의 할아버지 때부터 내려 오던 편지인데 옛날에는 이런 종이를 만들던 재료와 실을 만들던 재료가 똑같았대.

아하! 그래서 종이 지(紙)에 실 사(糸)가 합쳐져 있었구나. 씨(氏)는 음을 결정한 것일 테고. 도대체 난 왜 이렇게 똑똑한 거니?

필순에 따라 써 보세요   紙 糸 糸 乡 糸 糸 糸 糸 紙 紙 (총 10획)

紙
종이 지

· 便紙(편지) : 안부, 소식 등을 적어 보낸 글.

월   일 확인:

文字數算地天然便紙 休

休

쉴 **휴** (亻부)

休 → 休

사람이 나무 아래에서 쉬고 있는 모습을 본뜬 한자입니다.

휴~, 힘들다.
열심히 일했으니까
나도 좀 쉬어 볼까.

아! 시원하다.

필순에 따라 써 보세요   休休仁仁仆休 (총 6획)

休	休	休	休	休	休
쉴 **휴**					
休	休	休			

· **休紙**(휴지) : 쓸모 없는 종이. 또는 허드레로 쓰는 종이.

훈장님 : 자, 복습하는 의미에서 음 쓰기 문제를 풀어 볼까?

옥동자 : 네, 훈장님. 문제 없어요.

1. 오늘은 작 **文**(   ) 숙제가 있습니다.

2. 내일 **漢字**(   ) 시험을 봅니다.

3. 다 **數**(   )의 의견을 따라 놀이공원에 가기로 했습니다.

4. 아빠는 좋은 계 **算**(   )기를 가지고 있습니다.

5. **地**(   )구는 둥글게 생겼습니다.

6. 내 동생 얼굴은 **天**(   )사를 닮았습니다.

7. 그래, 당 **然**(   )하지!

8. **大便**(   )이 급해 곤란한 적이 있었습니다.

9. 크레파스로 도화 **紙**(   )에 그림을 그려요.

10. 우리 가족은 다 함께 여름 **休**(   )가를 다녀왔습니다.

 훈장님 : 정말 잘했다! 이제 뜻 공부도 할 수 있는 선택형 문제를 풀어 보자.

11. '文'자를 어떻게 읽나?

　　① 산　　　　② 편　　　　③ 문　　　　④ 휴

12. 집에 아이가 있는 모습의 한자는?

　　① 字　　　　② 天　　　　③ 休　　　　④ 便

13. '홀수' '짝수'의 '수'를 나타내는 한자는?

　　① 天　　　　② 數　　　　③ 水　　　　④ 手

14. 주판으로 계산하는 모습의 한자는?

　　① 算　　　　② 數　　　　③ 然　　　　④ 紙

15. '땅'이라는 뜻의 한자는?

　　① 天　　　　② 川　　　　③ 紙　　　　④ 地

16. 사람의 머리 위에 한 획을 그은 모양으로 '하늘'을 뜻하는 한자는?

　　① 文　　　　② 字　　　　③ 天　　　　④ 休

17. 그럴 연(然)에 들어 있는 한자는?

　　① 火　　　　② 心　　　　③ 人　　　　④ 木

18. '不便'의 음(소리)은?

　　① 부편　　　　② 부변　　　　③ 불편　　　　④ 불변

19. '종이'라는 뜻을 가진 한자는?

　　① 字　　　　② 地　　　　③ 便　　　　④ 紙

20. 나무 아래 쉬고 있는 사람을 본뜬 한자는?

　　① 然　　　　② 字　　　　③ 便　　　　④ 休

 훈장님 : 잘 하는구나. 조금 더 힘을 내야 한단다. 우리 옥동자, 화이팅!

 옥동자 : 고맙습니다. 열심히 할게요.

1. 다음 밑줄 친 漢字語(한자어)의 音(음:소리)을 쓰세요.

> 〈보기〉 漢字 → 한자

1) 간판에 쓰여있는 漢文을 읽을 수 있니? (　　　　)

2) 한글은 가장 과학적인 文字입니다. (　　　　)

3) 열심히 공부해서 數學을 100점 받았어요. (　　　　)

4) 계산하는 방법을 算數라고 합니다. (　　　　)

5) 이 地下道는 전철역으로 이어집니다. (　　　　)

6) 대포 소리가 너무 커서 天地가 진동하는 것 같아요. (　　　　)

7) 自然 보호를 위해 산에서 불의 사용은 금지합니다. (　　　　)

8) 男便과 아내는 오래오래 행복하게 살았습니다. (　　　　)

9) 손으로 글씨를 써서 便紙를 보냈어요. (　　　　)

10) 오늘은 休日이라 늦잠을 잤습니다. (　　　　)

2. 다음 漢字(한자)의 訓(훈:뜻)과 音(음:소리)을 쓰세요.

> 〈보기〉 字 → 글자 자

1) 文 (　　　　)　　　　　　　2) 字 (　　　　)

3) 數 (   )   4) 算 (   )

5) 地 (   )   6) 天 (   )

7) 然 (   )   8) 便 (   )

9) 紙 (   )   10) 休 (   )

3. 다음 밑줄 친 단어의 漢字語(한자어)를 〈보기〉에서 골라 그 번호를 쓰세요.

<보기>   ① 文學   ② 地下   ③ 天下   ④ 漢文

1) 세계 아동 문학 전집에서 책을 골랐어요. (   )

2) 그 씨름 선수는 천하장사가 되었습니다. (   )

4. 다음 漢字(한자)의 상대 또는 반대되는 漢字(한자)를 보기에서 골라 그 번호를 쓰세요.

<보기>   ① 然   ② 地   ③ 字   ④ 江

1) 天 ←—→ (　　　　　)

2) (　　　　　) ←—→ 山

5. 다음 訓(훈:뜻)과 音(음:소리)에 맞는 漢字(한자)를 보기에서 골라 그 번호를 쓰세요.

〈보기〉　① 文　② 字　③ 數　④ 算　⑤ 地
　　　　　⑥ 天　⑦ 然　⑧ 便　⑨ 紙　⑩ 休

1) 글월 문 (　　　　　)

2) 셈 수 (　　　　　)

3) 땅 지 (　　　　　)

4) 하늘 천 (　　　　　)

5) 글자 자 (　　　　　)

6) 셈 산 (　　　　　)

7) 쉴 휴 (　　　　　)

8) 종이 지 (　　　　　)

9) 편할 편, 똥오줌 변 (　　　　　)

10) 그럴 연 (　　　　　)

6. 다음 漢字語(한자어)의 뜻을 쓰세요.

1) 男便 (   )

2) 便紙 (   )

7. 다음 漢字(한자)의 화살표가 있는 획은 몇 번째 쓰는지 〈보기〉에서 찾아
   그 번호를 쓰세요.

〈보기〉 ① 첫 번째   ② 두 번째   ③ 세 번째   ④ 네 번째

        ⑤ 다섯 번째 ⑥ 여섯 번째 ⑦ 일곱 번째 ⑧ 여덟 번째

        ⑨ 아홉 번째 ⑩ 열 번째   ⑪ 열한 번째 ⑫ 열두 번째

        ⑬ 열세 번째 ⑭ 열네 번째

1) 休   (   )

2) 算   (   )

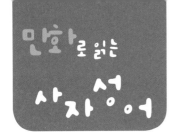

天地開闢 (천지개벽)

하늘과 땅이 처음으로 열린다는 뜻으로 쉽게 일어나기 어려운
일이나 상황을 말합니다.

❖ 天:하늘 천, 地:땅 지, 開:열 개, 闢:열 벽

春 봄 춘

秋 가을 추

冬 겨울 동

夏 여름 하

夕 저녁 석

心 마음 심

千 일천 천

歌 노래 가

村 마을 촌

花 꽃 화

하~

春 秋冬夏夕心千歌村花

봄 춘 (日부)

태양 아래 새싹이 돋아나는 모습을 본뜬 한자입니다.

와! 봄이다. 모처럼 따뜻한 햇볕을 받으니 기분이 좋네.

히히, 나도 따뜻한 햇볕을 받고 새싹처럼 자라볼까.

필순에 따라 써 보세요 春春春春春春春春春 (총 9획)

春
봄 춘

· 靑春(청춘): 새싹이 자라는 봄철. 또는 젊고 건강한 시절을 이르는 말.

80

春 秋 冬 夏 夕 心 千 歌 村 花

秋
가을 추 (禾부)

禾 + 火 = 秋

원래 갑골문에는 벼 화(禾) 자리에 메뚜기 모습이 있었다고 합니다.

곡식을 갉아먹는 나쁜 메뚜기를 불에 태워야해.

에구, 아까워라 저 맛있는 걸 다 태우다니……

필순에 따라 써 보세요   秋 秋 千 禾 禾 禾 秋 秋 秋   (총 9획)

秋	秋	秋	秋	秋	秋
가을 **추**					
秋	秋	秋			

· 春秋(춘추): 봄과 가을. 또는 어른의 나이를 높여 이르는 말.

월   일 확인: _ _ _ _ _ _ _ _

春秋冬夏夕心千歌村花

冬

겨울 동 (冫부)

⟶ 㚝 ⟶ 冬

실의 양 끝에 매듭지어진 모습으로 모든 일이 마무리되는 겨울을 뜻하는 한자입니다.

끝에 매듭을 져서 줄넘기를 해 볼까?

우헤헤헤, 겨울 동(冬) 처럼 생겼다.

필순에 따라 써 보세요   冬久冬冬冬 (총 5획)

82

冬	冬	冬	冬	冬	冬
겨울 동					
冬	冬	冬			

· 立冬(입동): 이십사절기의 하나로 겨울이 시작된다는 날.

 재밌는 한자 氵(삼수)는 물과 관련이 있고, 冫(이수)는 얼음과 관련이 있어요.

夏
여름 **하** (夊부)

머리(頁)와 발(夊)을 드러내고 다니는 여름을 나타낸 한자입니다.

아휴, 더워.
더우니까자꾸 땀이 나네.
여름은 정말 땀의 계절이야.

글씨도 더워서
땀흘리는 것 같네.

필순에 따라 써 보세요   夏夏夏夏夏夏夏頁夏夏 (총 10획)

夏	夏	夏	夏	夏	夏
여름 **하**					
夏	夏	夏			

· 春夏秋冬(춘하추동): '봄, 여름, 가을, 겨울'의 사계절을
아울러 이르는 말.

83

春秋冬夏 夕 心千歌村花

夕

저녁 석 (夕부)

달 월(月)과 어원이 같은 한자입니다.

훈장님, ! 저녁 석(夕)하고 달 월(月)은 정말 비슷하게 생겼는걸요.

달 월(月)에서 한 획이 빠져 저녁이란 뜻이 되었기 때문이지.

필순에 따라 써 보세요 ク ク 夕 (총 3획)					
夕	夕	夕	夕	夕	夕
저녁 석					
	夕	夕	夕		

·秋夕(추석): 우리 나라 명절 중 하나로 한가위라고도 함. 음력 8월 15일.

기억나요? 夕에 口가 합쳐지면? 이름 명(名)!

월   일 확인: _____

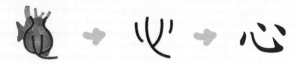

春秋冬夏夕 心 千歌村花

心
마음 심 (心부)

사람의 심장 모습을 본뜬 한자입니다.

내 마음이야. 제발 받아 줘.

근데, 손가락으로 만든 하트 모양을 보니까 사람의 심장 모양을 본뜬 마음 심(心)이 생각나네.

필순에 따라 써 보세요	心 心 心 心 (총 4획)				
心 마음 심					

· 中心(중심): 한가운데. 또는 중요하고 기본이 되는 부분.

春秋冬夏夕心 千 歌村花

千

일천 천 (十부)

사람 모습에 가로 획 '一'을 그어 나타낸 한자입니다.

여지껏 내가 먹은 물고기가 도대체 몇 마리지?

100이 10개니까 1000개네. 어떻게 표시를 하지? 그래, 사람 모습에 가로 획을 하나 그어 표시해야겠다.

필순에 따라 써 보세요	´ 二 千 (총 3획)				
千	千	千	千	千	千
일천 천					
	千	千			

·千金(천금): 많은 돈이나 비싼 값. 또는 귀중한 것을 비유하는 말.

재밌는 한자 옛날 갑골문에서는 사람의 모습에 가로획 하나를 그어 일천, 획을 두 개 그어 이 천으로 표시했어요.

春秋冬夏夕心千 歌 村花

歌
노래 가 (欠부)

哥 + 欠 = 歌

하품(欠)하듯 입을 벌리고 노래(哥)하는 모습의 한자입니다.

하품하는 모습이
꼭 노래 하는 것 같네.

하 ~~

흠흠, 목청을 가다듬고
노래나 한번 해 볼까.

필순에 따라 써 보세요 歌歌歌歌歌歌歌哥哥哥歌歌歌歌 (총 14획)

歌	歌		歌	歌	歌
노래 가					
歌	歌	歌			

· 歌手(가수) : 노래를 부르는 일을 직업으로 삼는 사람.

村

마을 촌 (木부)

春 秋 冬 夏 夕 心 千 歌 ⑭ 花

木 + 寸 = 村

뜻을 나타내는 나무 목(木)과 음을 나타내는 마디 촌(寸)이 합쳐진 한자입니다.

내가 촌(村)에 산다고 애들이 놀려요.

이 서당개닝이 사는 곳인데 누가 감히…

그래도 멋진 나무들이 가득한 우리 마을에 한 번 와 보면 모두 부러워할 게다.

필순에 따라 써 보세요   一 十 オ 木 村 村 村 (총 7획)

村	村	村	村	村
마을 촌				
村	村	村		

· 江村(강촌) : 강가의 마을.

한자상식하나! 한자 중 뜻 부분과 음 부분으로 이루어진 형성문자(形聲文字)가 전체 한자의 70%를 차지해요.

88

春 秋 冬 夏 夕 心 千 歌 村 花

花
꽃 화 (艹 부)

艹 → 化 → 花

뜻을 결정한 초 두(艹)와 발음을 결정한 될 화(化)가 합쳐진 한자입니다.

꽃 화(花)는 풀을 나타낸 '초두'와 발음을 결정한 '될 화'가 합쳐진 한자지.

艹 + 化 = 花

= 化

그럼 될 화(化)는 어떻게 생겨난 걸까?

될 화(化)는 사람 둘이 서로 거꾸로 등을 맞대고 있는 모습을 본뜬 거야.

필순에 따라 써 보세요   花花花花花花花花 (총 8획)

花	花	花	花	花	花
꽃 **화**					

· 花草(화초): 꽃이 피는 풀과 나무.

기억나요? 그외에도 초 두(艹)가 들어간 한자에는 풀 초(草), 일만 만(萬)이 있어요.

훈장님 : 정말 수고했다. 음을 쓰는 문제들이니까 잘 풀어 보거라.

옥동자 : 네, 훈장님.

1. 立春(   )이 지났지만 아직 날씨가 추워요.

2. 장군의 공격에 적군은 秋(   )풍낙엽처럼 흩어졌어요.

3. 겨울이 되자 곰은 冬(   )면에 들어갔습니다.

4. 여름이 되자 형은 夏(   )복을 입고 학교에 갑니다.

5. 붉은 夕(   )양이 아름답습니다.

6. 우리 마을은 人心(   )이 좋기로 소문이 났습니다.

7. 數千(   ) 명이 모여 사는 큰 마을입니다.

8. 매일 밤 할머니는 아기에게 자장歌(   )를 불러주셨습니다.

9. 어민들이 모여 사는 바닷가 마을을 어村(   )이라고 합니다.

10. 친구들과 꽃이 많이 있는 花(   )원에 놀러 갔습니다.

 훈장님 : 선택형 문제는 이제 너무 쉽지? 그래도 자만하지 말고 열심히 풀자.

11. 일 년 중 가장 이른 계절은?

　　① 春　　　　② 夏　　　　③ 秋　　　　④ 冬

12. 다음 계절 중 단풍이 물드는 계절은?

　　① 春　　　　② 夏　　　　③ 秋　　　　④ 冬

13. 눈이 오는 계절은?

　　① 春　　　　② 夏　　　　③ 秋　　　　④ 冬

14. 일 년 중 가장 덥고 땀나는 계절은?

　　① 春　　　　② 夏　　　　③ 秋　　　　④ 冬

15. 저녁 석(夕)의 원래 모습과 같은 유래를 가진 한자는?

　　① 月　　　　② 日　　　　③ 冬　　　　④ 千

16. 사람의 심장 모습을 본뜬 한자는?

　　① 夕　　　　② 心　　　　③ 千　　　　④ 花

17. 다음 괄호 안에 들어갈 적당한 한자는?

　　一, 十, 百, (　　　　　), 萬

18. 하품(欠)하듯 입을 벌리고 노래하는 모습의 한자는?

　　① 心　　　　② 千　　　　③ 歌　　　　④ 村

19. '마을'이라는 뜻의 한자는?

　　① 千　　　　② 天　　　　③ 村　　　　④ 花

20. '꽃'이라는 뜻의 한자는?

　　① 火　　　　② 千　　　　③ 村　　　　④ 花

훈장님 : 한자 실력도 쑥쑥! 문제 푸는 속도도 쑥쑥!

옥동자 : 모두 훈장님 덕분이지요. 헤헤헤.

1. 다음 밑줄 친 漢字語(한자어)의 音(음:소리)을 쓰세요.

〈보기〉 漢字 → 한자

1) 青春은 꽃처럼 아름답습니다. (   )

2) 올해 春秋가 얼마나 되시는지요? (   )

3) 立冬은 이십사절기의 하나로 겨울이 시작된다고 합니다. (   )

4) 우리나라의 산은 春夏秋冬 색을 달리합니다. (   )

5) 秋夕에 송편을 만들었어요. (   )

6) 원의 中心에 구멍을 뚫어요. (   )

7) 할아버지께서 千字文으로 한문을 가르쳐 주셨습니다. (   )

8) 군인 아저씨들이 軍歌를 부르며 행진합니다. (   )

9) 봄에 핀 꽃으로 農村의 풍경이 아름다웠습니다. (   )

10) 우리나라의 國花는 무궁화입니다. (   )

2. 다음 漢字(한자)의 訓(훈:뜻)과 音(음:소리)을 쓰세요.

〈보기〉 字 → 글자 자

1) 春 (   )   2) 秋 (   )

3) 冬 (   )   4) 夏 (   )

5) 夕 (   )   6) 心 (   )

7) 千 (   )   8) 歌 (   )

9) 村 (   )   10) 花 (   )

3. 다음 밑줄 친 단어의 漢字語(한자어)를 〈보기〉에서 골라 그 번호를 쓰세요.

〈보기〉 ① 春夏秋冬 ② 東問西答 ③ 花草 ④ 木花

1) 이 산은 <u>춘하추동</u> 색이 달라진다. (   )

2) 그는 온실의 <u>화초</u>처럼 어려움 없이 컸다. (   )

4. 다음 漢字(한자)의 상대 또는 반대되는 漢字(한자)를 보기에서 골라 그 번호를 쓰세요.

〈보기〉 ① 千 ② 夏 ③ 秋 ④ 夕

1) 春 ⟷ (   )

2) (   ) ⟷ 冬

5. 다음 訓(훈:뜻)과 音(음:소리)에 맞는 漢字(한자)를 보기에서 골라 그 번호를 쓰세요.

<보기>   ① 春   ② 秋   ③ 冬   ④ 夏   ⑤ 夕

               ⑥ 心   ⑦ 千   ⑧ 歌   ⑨ 村   ⑩ 花

1) 꽃 화 (   )

2) 여름 하 (   )

3) 봄 춘 (   )

4) 가을 추 (   )

5) 겨울 동 (   )

6) 저녁 석 (   )

7) 마음 심 (   )

8) 마을 촌 (   )

9) 일천 천 (   )

10) 노래 가 (   )

6. 다음 漢字語(한자어)의 뜻을 쓰세요.

1) 中心 (   )

2) 江村 (   )

7. 다음 漢字(한자)의 화살표가 있는 획은 몇 번째 쓰는지 〈보기〉에서 찾아
   그 번호를 쓰세요.

〈보기〉 ① 첫 번째   ② 두 번째   ③ 세 번째   ④ 네 번째
        ⑤ 다섯 번째   ⑥ 여섯 번째   ⑦ 일곱 번째   ⑧ 여덟 번째
        ⑨ 아홉 번째   ⑩ 열 번째   ⑪ 열한 번째   ⑫ 열두 번째
        ⑬ 열세 번째   ⑭ 열네 번째

1)    (   )

2)    (   )

落心千萬 (낙심천만)

마음이 상한 것이 천만과 같다는 뜻으로, 몹시 낙망(落望)하게 되는 것을 말합니다.

얘들아, 일요일이 내 생일인데 초대카드야.

고마워.

축하해~

준영아, 너도 올 수 있지?

미안하지만, 난 그날 시골에 가야 해. 할머님 생신이거든.

그, 그래?

아~ 힘 빠진다.

우리 보람이가 낙심천만한 일이 있나 보구나.

❖ 落:떨어질 락, 心:마음 심, 千:일천 천, 萬:일만 만

◉ 다음 밑줄 친 漢字語(한자어)의 音(음)을 쓰세요.(1~32)

<보기> 漢字 → 한자

1. 國語 시간에 동시를 읽었어요.(   )

2. 기특하게도 어린 少女가 동생들을 돌보고 있습니다.(   )

3. 오늘은 登校 시간에 늦지 않게 서둘렀어요.(   )

4. 이 시골 동네의 주민들은 대부분 老人입니다.(   )

5. 시골에 草家를 짓고 살았습니다.(   )

6. 모두가 同一한 방향으로 나아갔어요.(   )

7. 누나는 그 歌手를 보고 좋아서 소리를 질렀어요.(   )

8. 오전에 工夫를 하고 오후에는 놀러 갔어요.(   )

9. 총알이 정확하게 과녁에 命中했어요.(   )

10. 혼자 사는 1인 家口의 수가 증가하고 있어요.(   )

11. 새해 첫 日出을 보기 위해 많은 사람들이 동해를 찾아요.(   )

12. 우리 집 食口는 모두 넷입니다.(   )

13. 이 植物은 물이 부족해도 잘 자랍니다.(   )

14. 좁은 出口를 통해 밖으로 나왔어요.(   )

15. 그녀는 이 연구에서 아주 重大한 역할을 했습니다.(   )

16. 선거는 民主 정치에서 가장 중요합니다.(   )

17. 사촌 동생의 百日잔치에 참석했습니다.(   )

18. 때와 場所에 맞는 옷을 준비해라.(   )

19. 이 식당은 맛집으로 有名합니다.(   )

20. 天文學은 우주를 연구하는 학문입니다.(   )

21. 이름을 <u>漢字</u>로 써 주세요. (   )

22. 제주도에는 순우리말 <u>地名</u>이 많이 있습니다. (   )

23. 그는 세상을 통일하고 <u>天下</u>를 다스렸습니다. (   )

24. 그녀는 시로 <u>自然</u>의 아름다움을 노래했습니다. (   )

25. 나는 <u>數學</u>이 재미있어요. (   )

26. 코피가 나서 <u>休紙</u>로 코를 막았어요. (   )

27. <u>七夕</u>에는 견우와 직녀가 일 년에 한 번 만난다는 전설이 있어요. (   )

28. 경기가 시작하기 전에 <u>國旗</u>에 대한 경례가 있겠습니다. (   )

29. 할아버지께서는 매일 아침에 <u>花草</u>에 물을 주셨어요. (   )

30. 몸은 늙었지만 마음만은 <u>靑春</u>입니다. (   )

31. <u>秋夕</u>이 다가오자 사과 값이 부쩍 올랐어요. (   )

32. 태양을 <u>中心</u>으로 지구는 돕니다. (   )

● 다음 漢字(한자)의 訓(훈)과 音(음)을 쓰세요. (33~52)

> 〈보기〉字 → 글자 자

33. 來

34. 語

35. 老

36. 命

37. 問

38. 夫

39. 所

40. 重

41. 住

42. 文

43. 字

44. 數

45. 春

46. 秋

47. 夕

48. 主

49. 同

50. 洞

51. 育

52. 花

◉ 다음 訓(훈)과 音(음)에 맞는 漢字(한자)를 <보기>에서 골라 그 번호를 쓰세요.(53~62)

<보기>　①歌　②冬　③夏　④面　⑤百
　　　　　⑥算　⑦口　⑧天　⑨千　⑩便

53. 일천 천　　　　　　**54.** 입 구
55. 노래 가　　　　　　**56.** 겨울 동
57. 셈 산　　　　　　　**58.** 하늘 천
59. 여름 하　　　　　　**60.** 편할 편, 똥오줌 변
61. 일백 백　　　　　　**62.** 낮 면

◉ 다음 밑줄 친 단어의 漢字語(한자어)를 <보기>에서 골라 그 번호를 쓰세요.(63~64)

<보기>　①家口　②登校　③登山　④人口

63. 겨울에 <u>등산</u>을 하기 위해서는 준비를 철저히 해야 한다. (　　　　)
64. 우리나라의 <u>인구</u>는 몇 명이지?(　　　　)

◉ 다음 漢字(한자)의 상대 또는 반대되는 漢字(한자)를 <보기>에서 골라 그 번호를 쓰세요.(65~66)

<보기>　①外　②老　③來　④答

65. 問 ←→ (   )

66. (   ) ←→ 少

● 다음 漢字(한자)의 뜻을 쓰세요.(67~68)

67. 登校

68. 問安

● 다음 漢字(한자)의 진하게 표시한 획은 몇 번째 쓰는지 〈보기〉에서 찾아 그 번호를 쓰세요.(69~70)

〈보기〉 ① 첫 번째   ② 두 번째   ③ 세 번째   ④ 네 번째
⑤ 다섯 번째 ⑥ 여섯 번째 ⑦ 일곱 번째 ⑧ 여덟 번째
⑨ 아홉 번째 ⑩ 열 번째

69. 里 (   )

70. 色 (   )

부록

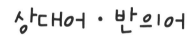

상대어·반의어

부수 익히기

8급, 7급Ⅱ 한자 복습

⊙ 뜻이 서로 상대 또는 반대가 되는 한자를 공부해 봅시다.

작을 소 小 ⟷ 大 큰 대

늙을 로 老 ⟷ 少 적을/젊을 소

형 형 兄 ⟷ 弟 아우 제

불 화 火 ⟷ 水 물 수

안 내 內 ⟷ 外 바깥 외

하늘 천 天 ⟷ 地 땅 지

왼 좌 左 ⟷ 右 오른쪽 우

날 출 出 ⟷ 入 들 입

사내 남 男 ⟷ 女 여자 녀

손 수 手 ⟷ 足 발 족

윗 상 上 ⟷ 下 아래 하

동녘 동 東 ⟷ 西 서녘 서

남녘 남 南 ⟷ 北 북녘 북

강 강 江 ⟷ 山 뫼 산

배울 학 學 ⟷ 敎 가르칠 교

먼저 선 先 ⟷ 後 뒤 후

아닐 불/부 不 ⟷ 正 바를 정

앞 전 前 ⟷ 後 뒤 후

봄 춘 春 ⟷ 秋 가을 추

여름 하 夏 ⟷ 冬 겨울 동

아비 부 父 ⟷ 母 어미 모

물을 문 問 ⟷ 答 대답 답

土 흙 토

$$土 + 也 = 地$$

흙 토   어조사 야   땅 지

흙 토(土)가 부수로 쓰일 때는 ㅓ 모양으로 쓰입니다.

一 ㅓ ㅓ (총 3획)

흙 토(土)가 들어간 ㅓ 부수 한자를 써 보세요.

地				
땅 지				

木 나무 목

$$木 + 直 = 植$$

나무 목   곧을 직   심을 식

一 十 才 木 (총 4획)

나무목 변(木)이 들어간 부수 한자를 써 보세요.

植				
심을 식				

월　일 확인: - - - - - - - - - - - - - - -

艹 ＋ **早** ＝ **草**

초 두 　이를 조 　풀 초

艹
초 두

一 十 十 艹 (총 4획)

초 두(艹)가 들어간 艹 부수 한자를 써 보세요.

草				
풀 초				

105

夊 ＋ **夂** ＝ **夏**

머리 혈 　천천히 걸을 쇠 　여름 하

夂
천천히 걸을 쇠

ノ ク 夂 (총 3획)

천천히 걸을 쇠(夂)가 들어간 夂 부수 한자를 써 보세요.

夏				
여름 하				

イ + 木 = 休

사람 인   나무 목   쉴 휴

사람 인(人)이 부수로 쓰일 때는 イ 모양으로 바뀌어 쓰이기도 합니다.

사람 인

ノ イ (총 2획)

사람 인(人)이 들어간 イ 부수 한자를 써 보세요.

休				
쉴 휴				

106

婁 + 攴 = 數

끌 루   칠 복   셈 수

칠 복(攴)이 부수로 쓰일 때 攵복모양으로 쓰입니다.

칠 복

ノ 스 ケ 攵 (총 4획)

칠 복(攴)이 들어간 攵부수 한자를 써 보세요.

數				
셈 수				

7급 부수익히기

欠
하품 흠

哥 + 欠 = 歌
노래 가   하품 흠   노래 가

丿 𠂊 亇 欠 (총 4획)

하품 흠(欠)이 들어간 欠부수 한자를 써 보세요.

歌				
노래 **가**				

灬
불 화

肉 + 犬 + 灬 = 然
고기 육   개 견   불 화   그럴 연

불화(火)가 부수로 쓰일 때는 灬모양으로 바뀌어 쓰이기도 합니다.

丶 丶丶 灬灬 灬灬 (총 4획)

불 화(火)가 들어간 灬부수 한자를 써 보세요.

然				
그럴 **연**				

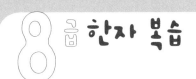

월   일 확인:

필순에 따라 한자를 써 보세요.

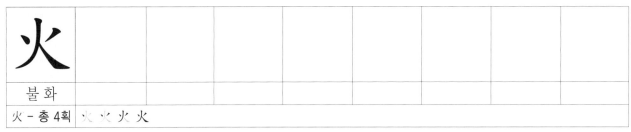

月						
달 월						
月 – 총 4획　月 月 月 月						

· 月出(월출)

火						
불 화						
火 – 총 4획　火 火 火 火						

· 火山(화산)

108

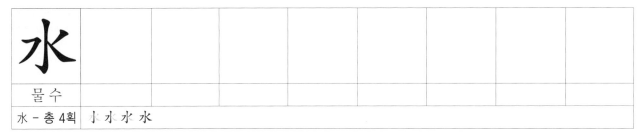

水						
물 수						
水 – 총 4획　水 水 水 水						

· 水道(수도), 水軍(수군)

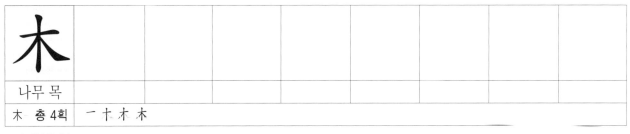

木						
나무 목						
木 – 총 4획　一 十 木 木						

· 木手(목수)

金						
쇠 금						
金 – 총 8획　金 金 金 金 金 金 金 金						

· 年金(연금)

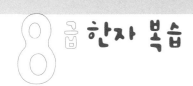

8급 한자 복습

필순에 따라 한자를 써 보세요.

土							
흙 토							
土 – 총 3획　一十土							

· 土木(토목), 土地(토지)

日							
날 일							
日 – 총 4획　丨冂月日							

· 日記(일기), 日出(일출)

小							
작을 소							
小 – 총 3획　小小小							

상대 · 반의어 : 大(큰 대)

白							
흰 백							
白 – 총 5획　白白白白白							

· 空白(공백)

山							
뫼 산							
山 – 총 3획　山山山							

· 山林(산림), 山水(산수)

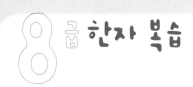

필순에 따라 한자를 써 보세요.

一							
한 일							
一 - 총 1획 一							

· 一年(일년), 一生(일생)

二							
두 이							
二 - 총 2획 二 二							

· 二十(이십), 二世(이세)

三							
석 삼							
一 - 총 3획 二 三 三							

· 三寸(삼촌), 三國(삼국)

四							
넉 사							
口 - 총 5획 四 冂 冃 四 四							

· 四方(사방), 四寸(사촌)

五							
다섯 오							
二 - 총 4획 五 丆 五 五							

· 五月(오월), 三三五五(삼삼오오)

110

필순에 따라 한자를 써 보세요.

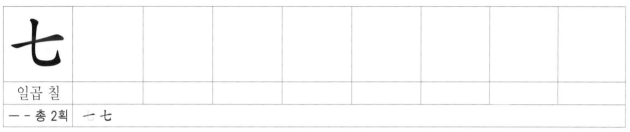

· 五六(오륙), 六日(육일), 六月(유월)

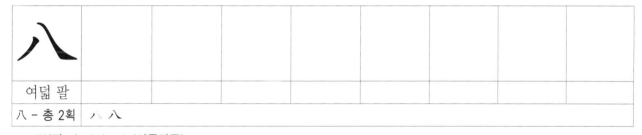

· 七夕(칠석)

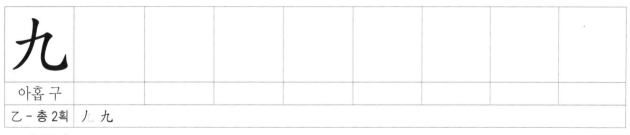

· 八道(팔도), 十中八九(십중팔구)

· 九萬(구만)

十							
열 십							
十 - 총 2획	十 十						

· 二十四時(이십사시), 十月(시월)

필순에 따라 한자를 써 보세요.

東						
동녘 동						
木 - 총 8획						

· 東海(동해), 東大門(동대문)

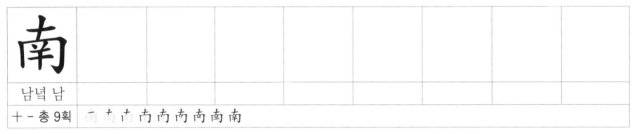

西						
서녘 서						
両 - 총 6획						

· 東西南北(동서남북)

112

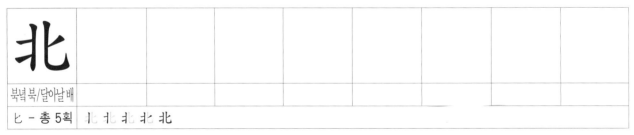

南						
남녘 남						
十 - 총 9획						

상대 · 반의어 : 北 (북녘 북)

北						
북녘북/달아날배						
匕 - 총 5획						

상대 · 반의어 : 南 (남녘 남)

大						
큰 대						
大 - 총 3획						

상대 · 반의어 : 小 (작을 소)

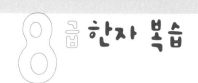
필순에 따라 한자를 써 보세요.

韓							
한국/나라 한							

韋 – 총 17획　

· 韓國(한국), 北韓(북한)

民							
백성 민							

氏 – 총 5획　民民民民民

· 國民(국민), 民生(민생)

國							
나라 국							

口 – 총 11획　

· 國土(국토), 母國(모국)

女							
여자 녀							

女 – 총 3획　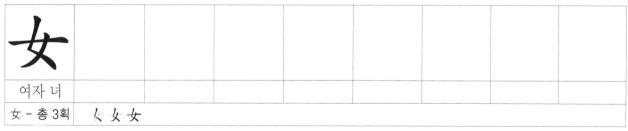

· 男女(남녀), 女軍(여군)

軍							
군사 군							

車 – 총 9획　

· 軍人(군인), 海軍(해군)

필순에 따라 한자를 써 보세요.

父								
아비 부								
父 – 총 4획	父 父 父 父							

상대 · 반의어 : 母 (어미 모)

母								
어미 모								
毌 – 총 5획	나 毋 毋 母 母							

상대 · 반의어 : 父 (아비 부)

兄								
형 형								
儿 – 총 5획	兄 兄 兄 兄 兄							

상대 · 반의어 : 弟 (아우 제)

弟								
아우 제								
弓 – 총 7획	弟 弟 弟 弟 弟 弟 弟							

상대 · 반의어 : 兄 (형 형)

外								
바깥 외								
夕 – 총 5획	外 外 外 外 外							

상대 · 반의어 : 內 (안 내)

114

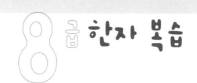
필순에 따라 한자를 써 보세요.

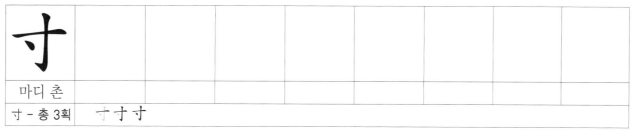

마디 촌

寸 - 총 3획   寸 寸 寸

· 三寸(삼촌), 寸數(촌수)

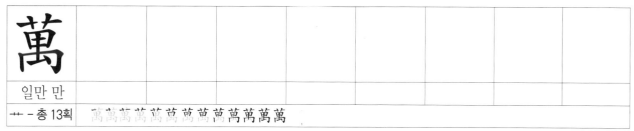

일만 만

艹 - 총 13획   萬萬萬萬萬萬萬萬萬萬萬萬萬

· 萬年(만년), 萬國(만국)

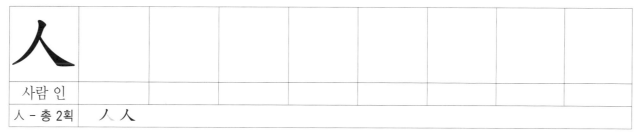

사람 인

人 - 총 2획   人 人

· 人道(인도), 人生(인생)

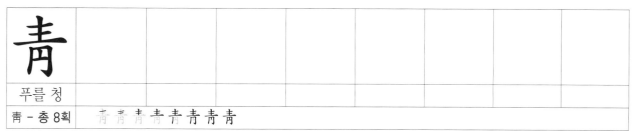

푸를 청

靑 - 총 8획   靑 靑 靑 靑 靑 靑 靑 靑

· 靑年(청년), 靑山(청산)

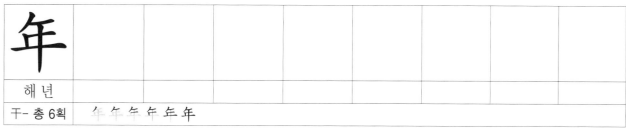

해 년

干 - 총 6획   年 年 年 年 年 年

· 中年(중년), 年金(연금)

월   일 확인: _ _ _ _ _ _ _ _ _

필순에 따라 한자를 써 보세요.

學								
배울 학								
子 – 총 16획	學學學學學學學學學學學學學學學學							

상대 · 반의어 : 敎 (가르칠 교)

校								
학교 교								
木 – 총 10획	校校校校校校校校校校							

· 校門(교문)

長								
길 장								
長 – 총 8획	長長長長長長長長							

· 校長(교장), 室長(실장)

敎								
가르칠 교								
攵(攴)–총11획	敎敎敎敎敎敎敎敎敎敎敎							

상대 · 반의어 : 學 (배울 학)

室								
집 실								
宀 – 총 9획	室室室室室室室室室							

· 室內(실내), 敎室(교실)

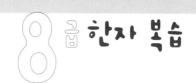
필순에 따라 한자를 써 보세요.

中						
가운데 중						
ㅣ- 총 4획	中 中 口 中					

· 中間 (중간), 中學生(중학생)

門						
문 문						
門 - 총 8획	門 門 門 門 門 門 門 門					

· 大門(대문), 水門(수문)

先						
먼저 선						
ノ乚- 총 6획	先 先 先 先 先 先					

상대 · 반의어 : 後 (뒤 후)

生						
날 생						
生 - 총 5획	生 生 生 生 生					

· 生日(생일), 生水(생수)

王						
임금 왕						
王(玉)-총4획	王 王 王 王					

· 女王(여왕), 王子(왕자)

117

월   일 확인:

필순에 따라 한자를 써 보세요.

江							
강 강							
氵 - 총 6획	江江江江江江						

· 漢江(한강)   · 상대.반의어: 山(뫼 산)

海							
바다 해							
氵 - 총 10획	海海海海海海海海海海						

· 海外(해외)   · 상대.반의어: 山(뫼 산)

道							
길 도							
辶 - 총 13획	道道道道首首首首道道道道						

· 人道(인도)

市							
저자 시							
巾 - 총 5획	市市市市市						

· 市內(시내)

工							
장인 공							
工 - 총 3획	工工工						

· 工場(공장)

118

필순에 따라 한자를 써 보세요.

場								
마당 장								
土 - 총 12획	場場場場場場場場場場場場							

· 市場(시장)

手								
손 수								
手 - 총 4획	手手手手							

· 手足(수족) · 상대 · 반의어 : 足(발 족)

車								
수레 거/차								
車 - 총 7획	車車車車車車車							

· 自動車(자동차)

左								
왼 좌								
工 - 총 5획	左左左左左							

· 상대.반의어: 右(오른쪽 우)

右								
오른쪽 우								
口 - 총 5획	右右右右右							

· 左右(좌우) · 상대 · 반의어 : 左(왼 좌)

필순에 따라 한자를 써 보세요.

直								
곧을 직								
目 - 총 8획								

· 直立(직립)

正								
바를 정								
止 - 총 5획								

· 正門(정문)

120

動								
움직일 동								
力 - 총 11획								

· 自動(자동)

前								
앞 전								
刂 - 총 9획								

· 前後(전후) · 상대.반의어: 後(뒤 후)

後								
뒤 후								
彳 - 총 9획								

· 後門(후문) · 상대 · 반의어 : 前(앞 전) 先(먼저 선)

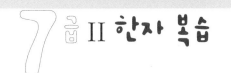
필순에 따라 한자를 써 보세요.

話						
말씀 화						

言 - 총 13획　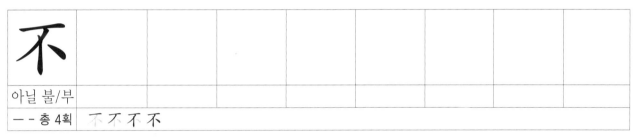

· 電話(전화)

不						
아닐 불/부						

一 - 총 4획　不 不 不 不

· 不足(부족)

時						
때 시						

日 - 총 10획　

· 時間(시간)

每						
매양 매						

母 - 총 7획　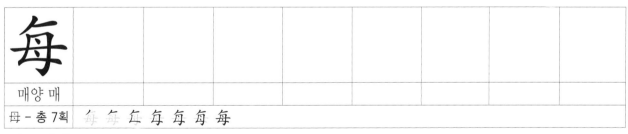

· 每年(매년)

食						
밥/먹을 식						

食 - 총 9획　

· 食事(식사)

121

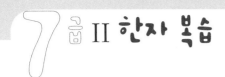

필순에 따라 한자를 써 보세요.

活								
살 활								
氵 - 총 9획	活活活活活活活活活							

· 生活(생활)

氣								
기운 기								
气 - 총 10획	氣氣氣氣氣氣氣氣氣氣							

· 活氣(활기)

空								
빌 공								
穴 - 총 8획	空空空空空空空空							

· 空軍(공군)

間								
사이 간								
門 - 총 12획	間間間間間間間間間間間間							

· 間食(간식)

足								
발 족								
足 - 총 7획	足足足足足足足							

· 自足(자족)

필순에 따라 한자를 써 보세요.

內								
안 내								

入 – 총 4획 | 丨 冂 冂 内

· 室內(실내)

方								
모 방								

方 – 총 4획 | 方 方 方 方

· 四方(사방)

物								
물건 물								

牛 – 총 8획 | 物 物 物 物 物 物 物 物

· 動物(동물)

電								
번개 전								

雨 – 총 13획 | 電 電 電 電 電 電 電 電 電 電 電 電 電

· 電氣(전기)

農								
농사 농								

辰 – 총 13획 | 農 農 農 農 農 農 農 農 農 農 農 農 農

· 農村(농촌)

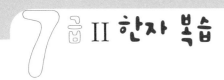

월　일 확인:

필순에 따라 한자를 써 보세요.

男							
사내 남							
田 – 총 7획	男 男 男 男 男 男 男						

· 男子(남자)　· 상대 · 반의어 : 女(여자 녀)

子							
아들 자							
子 – 총 3획	子 子 子						

· 子女(자녀)

力							
힘 력							
力 – 총 2획	力 力						

· 重力(중력), 力道(역도)

事							
일 사							
ㅣ – 총 8획	事 事 事 事 事 事 事 事						

· 家事(가사)

自							
스스로 자							
自 – 총 6획	自 自 自 自 自 自						

· 自立(자립)

124

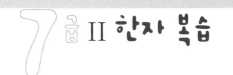
필순에 따라 한자를 써 보세요.

孝							
효도 효							
子 – 총 7획							

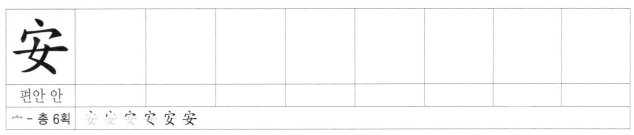

· 孝道(효도)

安							
편안 안							
宀 – 총 6획							

· 便安(편안)

家							
집 가							
宀 – 총 10획							

· 家門(가문)

午							
낮 오							
十 – 총 4획							

· 正午(정오)

答							
대답 답							
竹 – 총 12획							

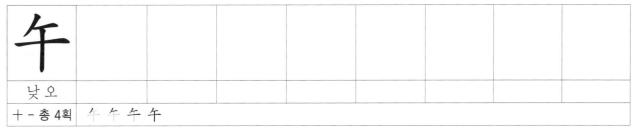

· 正答(정답) · 상대 · 반의어 : 問(물을 문)

필순에 따라 한자를 써 보세요.

漢						
한수/한나라 한						
氵 - 총 14획	漢漢漢漢漢漢漢漢漢漢漢漢漢漢					

· 漢字(한자)

立						
설 립						
立 - 총 5획	立 立 立 立 立					

· 國立(국립), 立春(입춘)

上						
윗 상						
一 - 총 3획	上 上 上					

· 天上天下(천상천하) · 상대 · 반의어 : 下(아래 하)

下						
아래 하						
一 - 총 3획	下 下 下					

· 地下(지하) · 상대 · 반의어 : 上(윗 상)

平						
평평할 평						
干 - 총 5획	平 平 平 平 平					

· 平日(평일)

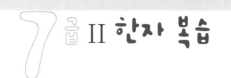

월   일 확인: _____

필순에 따라 한자를 써 보세요.

姓						
성씨 성						
女 – 총 8획	姓 姓 姓 姓 姓 姓 姓 姓					

· 姓名(성명)

名						
이름 명						
口 – 총 6획	名 名 名 名 名 名					

· 有名(유명)

記						
기록할 기						
言 – 총 10획	記 記 記 記 記 記 記 記 記 記					

· 日記(일기)

世						
인간/세상 세						
― – 총 5획	世 世 世 世 世					

· 世上(세상)

全						
온전할 전						
入 – 총 6획	全 全 全 全 全 全					

· 安全(안전)

127

재미있는 확인 학습 (18p~19p)
1.래 2.어 3.로 4.소녀 5.초식 6.기 7.등교 8.십 리
9.림 10.면장
11.③ 12.① 13.① 14.③ 15.④ 16.① 17.① 18.①
19.③ 20.④

단원 예상 문제(20p~23p)
1. 1)내일 2)국어 3)노인 4)소년 5)초가 6)국기 7)등산
   8)이장 9)산림 10)장면
2. 1)올 래 2)말씀 어 3)늙을 로 4)적을/젊을 소 5)풀 초
   6)기 기 7)오를 등 8)마을 리 9)수풀 림 10)낮 면
3. 1)② 2)④
4. 1)① 2)②
5. 1)① 2)⑩ 3)⑨ 4)⑤ 5)② 6)④ 7)⑧ 8)⑥ 9)③ 10)⑦
6. 1)산에 오름 2)산과 숲, 산에 있는 숲
7. 1)⑨ 2)⑦

재미있는 확인 학습(36p~37p)
1.인구 2.입산 3.출입 4.동시 5.동,동장 6.식목일 7.명
8.문 9.부 10.색
11.① 12.③ 13.② 14.④ 15.② 16.① 17.② 18.③
19.② 20.④

단원 예상 문제(38p~41p)
1. 1)식구 2)입학 3)출구 4)동일 5)동구 6)식물 7)생명
   8)문답 9)공부 10)백색
2. 1)입 구 2)들 입 3)날 출 4)한가지 동 5)골 동 6)심을 식
   7)목숨 명 8)물을 문 9)지아비 부 10)빛 색
3. 1)③ 2)①
4. 1)④ 2)②
5. 1)② 2)⑥ 3)⑨ 4)① 5)⑩ 6)⑧ 7)③ 8)⑤ 9)④ 10)⑦
6. 1)공부하기 위해 학생이 되어 학교에 들어감 2)흰색
7. 1)⑫ 2)⑦

재미있는 확인 학습(54p~55p)
1.소 2.중 3.유 4.주 5.주 6.읍 7.조 8.육 9.천 10.백일

11.산소 12.④ 13.② 14.③ 15.②16.③ 17.③ 18.③
19.④ 20.④

단원 예상 문제(56p~59p)
1. 1)장소 2)소중 3)유명 4)주식 5)주민 6)읍내 7)조상
   8)교육 9)산천 10)백성
2. 1)바 소 2)무거울 중 3)있을 유 4)주인/임금 주
   5)살 주 6)고을 읍 7)할아버지/조상 조 8)기를 육
   9)내 천 10)일백 백
3. 1)② 2)③
4. 1)① 2)③
5. 1)⑨ 2)② 3)⑤ 4)① 5)③ 6)⑩ 7)⑧ 8)④ 9)⑥ 10)⑦
6. 1)이름이 널리 알려져 있음. 2)물건의 임자.
7. 1)⑥ 2)⑦

재미있는 확인 학습(72p~73p)
1.문 2.한자 3.수 4.산 5.지 6.천 7.연 8.대변 9.지
10.휴
11.③ 12.① 13.② 14.① 15.④ 16.③ 17.① 18.③
19.④ 20.④

단원 예상 문제(74p~77p)
1. 1)한문 2)문자 3)수학 4)산수 5)지하도 6)천지 7)자연
   8)남편 9)편지 10)휴일
2. 1)글월 문 2)글자 자 3)셈 수 4)셈 산 5)땅 지 6)하늘 천
   7)그럴 연 8)편할 편, 똥오줌 변 9)종이 지 10)쉴 휴
3. 1)① 2)③
4. 1)② 2)④
5. 1)① 2)③ 3)⑤ 4)⑥ 5)② 6)④ 7)⑩ 8)⑨ 9)⑧ 10)⑦
6. 1)결혼하여 여자의 짝이 된 남자.
   2)안부, 소식 등을 적어 보낸 글.
7. 1)③ 2)⑫

재미있는 확인 학습(90p~91p)
1.입춘 2.추 3.동 4.하 5.석 6.인심 7.수천 8.가 9.촌
10.화

11.① 12.③ 13.④ 14.② 15.① 16.② 17.(千) 18.③
19.③ 20.④

단원 예상 문제(92p~95p)

1. 1)청춘 2)춘추 3)입동 4)춘하추동 5)추석 6)중심
   7)천자문 8)군가 9)농촌 10)국화
2. 1)봄 춘 2)가을 추 3)겨울 동 4)여름 하 5)저녁 석
   6)마음 심 7)일천 천 8)노래 가 9)마을 촌 10)꽃 화
3. 1)① 2)③
4. 1)③ 2)②
5. 1)⑩ 2)④ 3)① 4)② 5)③ 6)⑤ 7)⑥ 8)⑨ 9)⑦ 10)⑧
6. 1)한가운데. 또는 중요하고 기본이 되는 부분.
   2)강가의 마을.
7. 1)⑥ 2)⑤

실전대비 총정리(97p~100p)

1.국어 2.소녀 3.등교 4.노인 5.초가 6.동일 7.가수
8.공부 9.명중 10.가구 11.일출 12.식구 13.식물
14.출구 15.중대 16.민주 17.백일 18.장소 19.유명
20.천문학 21.한자 22.지명 23.천하 24.자연 25.수학
26.휴지 27.칠석 28.국기 29.화초 30.청춘 31.추석
32.중심 33.올 래 34.말씀 어 35.늙을 로 36.목숨 명
37.물을 문 38.지아비 부 39.바 소 40.무거울 중
41.살 주 42.글월 문 43.글자 자 44.셈 수 45.봄 춘
46.가을 추 47.저녁 석 48.주인/임금 주 49.한가지 동
50.골 동 51.기를 육 52.꽃 화 53.⑨ 54.⑦ 55.①
56.② 57.⑥ 58.⑧ 59.③ 60.⑩ 61.⑤ 62.④ 63.③
64.④ 65.④ 66.②
67.학생이 학교에 감. 68.웃어른께 안부를 여쭘. 69.⑤
70.③

모의한자능력
검정시험 (제1회)
1 1)초식
2)등장
3)방면
4)문안
5)오색
6)동문
7)산소
8)주민
9)조국
10)활자
11)불편
12)방편
13)수천
14)군가
15)입춘
16)교기
17)내년
18)중간
19)매년
20)국립
21)공장
22)부족
23)시일
24)수도
25)성명
26)형제
27)오월오일
28)국군
29)삼촌
30)학교
31)교실
32)여학생
2 33)적을/젊을 소
34)풀 초
35)기 기
36)올 래
37)입 구
38)골 동

39)있을 유
40)주인/
　임금 주
41)고을 읍
42)셈 산
43)쉴 휴
44)하늘 천
45)겨울 동
46)여름 하
47)마음 심
48)모 방
49)일 사
50)편안 안
51)아들 자
52)푸를 청
3 53)④
54)⑩
55)①
56)⑧
57)②
58)⑨
59)③
60)⑥
61)⑤
62)⑦
4 63)②
64)③
5 65)①
66)④
6 67)해가 뜸.
68)일정한 지
　역에 살고
　있는 사람.
7 69)⑤
70)④

모의한자능력
검정시험 (제2회)
1 1)노모

2)기수
3)외래
4)인구
5)입구
6)농부
7)소유
8)출토
9)육림
10)전산
11)백지
12)휴일
13)토지
14)목화
15)민심
16)문답
17)장면
18)식사
19)자립
20)활동
21)동물
22)해외
23)시민
24)교내
25)전국
26)국민
27)사월오일
28)여왕
29)생일
30)교장
31)대문
32)사촌
2 33)오를 등
34)마을 리
35)들 입
36)날 출
37)할아버지/
　조상 조
38)기를 육
39)그럴 연

40)편할 편,
　똥오줌 변
41)일천 천
42)노래 가
43)흙 토
44)아래 하
45)사이 간
46)남녘 남
47)큰 대
48)매양 매
49)흰 백
50)낮 오
51)스스로 자
52)마디 촌
3 53)①
54)⑩
55)⑤
56)②
57)⑧
58)③
59)⑨
60)④
61)⑦
62)⑥
4 63)①
64)②
5 65)②
66)③
6 67)마을이나 지
　방의 이름.
68)쓸모없는
　종이 또는
　허드레로
　쓰는 종이.
7 69)⑤
70)⑥

모의한자능력
검정시험 (제3회)
1 1)내일
2)노년
3)수초
4)왕명
5)형부
6)명색
7)출입
8)삼천리
9)식목일
10)문학
11)소수
12)지하
13)강촌
14)천연
15)천추
16)동시
17)산천
18)불안
19)불평
20)정직
21)남녀
22)효도
23)제자
24)목수
25)전화
26)교문
27)만일
28)연중
29)화산
30)부모
31)대한민국
32)팔월 십오일
2 33)수풀 림
34)낮 면
35)빛 색
36)심을 식
37)내 천
38)일백 백

39)종이 지
40)쉴 휴
41)마을 촌
42)오를 등
43)평평할 평
44)배울 학
45)강 강
46)안 내
47)길 도
48)설 립
49)이름 명
50)아비 부
51)마당 장
52)움직일 동
3 53)⑩
54)④
55)⑨
56)①
57)⑦
58)②
59)⑤
60)⑥
61)⑧
62)③
4 63)③
64)①
5 65)②
66)③
6 67)노래 부르
　는 것이 직
　업인 사람.
68)같은 학교
　나 스승에
　게서 배운
　사람.
7 69)③
70)④

■ 사단법인 한국어문회　　　　　　　　　　　　　　　　7 0 1 ■

수험번호 □□□-□□-□□□□　　　　성명 □□□□□

생년월일 □□□□□□　　※ 주민등록번호 앞 6자리 숫자를 기입하십시오.　　※ 성명은 한글로 작성
　　　　　　　　　　　　　　　　　　　　　　　　　　　※ 필기구는 검정색 볼펜만 가능

※답안지는 컴퓨터로 처리되므로 구기거나 더럽히지 마시고, 정답 칸 안에만 쓰십시오.
　글씨가 채점란으로 들어오면 오답처리가 됩니다.

제 1회 전국한자능력검정시험 7급 답안지(1) (시험시간:50분)

번호	정답	1검	2검	번호	정답	1검	2검	번호	정답	1검	2검
	답안란	채점란			답안란	채점란			답안란	채점란	
1				12				23			
2				13				24			
3				14				25			
4				15				26			
5				16				27			
6				17				28			
7				18				29			
8				19				30			
9				20				31			
10				21				32			
11				22				33			

감독위원	채점위원(1)		채점위원(2)		채점위원(3)	
(서명)	(득점)	(서명)	(득점)	(서명)	(득점)	(서명)

제 1회 전국한자능력검정시험 7급 답안지(2) (시험시간:50분)

번호	정답	1검	2검	번호	정답	1검	2검	번호	정답	1검	2검
	답안란	채점란			답안란	채점란			답안란	채점란	
34				47				60			
35				48				61			
36				49				62			
37				50				63			
38				51				64			
39				52				65			
40				53				66			
41				54				67			
42				55				68			
43				56				69			
44				57				70			
45				58							
46				59							

■ 사단법인 한국어문회　　　　　　　　　　　　　　　　　　　7 0 1　■

수험번호 □□□-□□-□□□□　　　　　성명 □□□□□

생년월일 □□□□□□　　※ 주민등록번호 앞 6자리 숫자를 기입하십시오.

※ 성명은 한글로 작성
※ 필기구는 검정색 볼펜만 가능

※답안지는 컴퓨터로 처리되므로 구기거나 더럽히지 마시고, 정답 칸 안에만 쓰십시오.
　글씨가 채점란으로 들어오면 오답처리가 됩니다.

제 2회 전국한자능력검정시험 7급 답안지(1) (시험시간:50분)

번호	정답	1검	2검	번호	정답	1검	2검	번호	정답	1검	2검
1				12				23			
2				13				24			
3				14				25			
4				15				26			
5				16				27			
6				17				28			
7				18				29			
8				19				30			
9				20				31			
10				21				32			
11				22				33			

위 표의 각 구획은 답안란(번호·정답)과 채점란(1검·2검)으로 구성됨.

감독위원	채점위원(1)	채점위원(2)	채점위원(3)
(서명)	(득점) (서명)	(득점) (서명)	(득점) (서명)

■　　　　　　　　　　　　　　　　　　　　　　　　　　　　　　* 뒷면으로 이어짐　　■

※ 답안지는 컴퓨터로 처리되므로 구기거나 더럽히지 마시고, 정답 칸 안에만 쓰십시오. 글씨가 채점란으로 들어오면 오답처리가 됩니다.

제 2회 전국한자능력검정시험 7급 답안지(2) (시험시간:50분)

번호	정답	1검	2검	번호	정답	1검	2검	번호	정답	1검	2검
34				47				60			
35				48				61			
36				49				62			
37				50				63			
38				51				64			
39				52				65			
40				53				66			
41				54				67			
42				55				68			
43				56				69			
44				57				70			
45				58							
46				59							

(답안란 / 채점란)

※7급 과정을 모두 마친 다음에 모의고사 답을 이 곳에 기재하세요.

■ 사단법인 한국어문회   7 0 1   ■

수험번호 □□□-□□-□□□□   성명 □□□□□

생년월일 □□□□□□   ※ 주민등록번호 앞 6자리 숫자를 기입하십시오.

※ 성명은 한글로 작성
※ 필기구는 검정색 볼펜만 가능

※답안지는 컴퓨터로 처리되므로 구기거나 더럽히지 마시고, 정답 칸 안에만 쓰십시오.
  글씨가 채점란으로 들어오면 오답처리가 됩니다.

제 3회 전국한자능력검정시험 7급 답안지(1) (시험시간:50분)

번호	정답	1검	2검	번호	정답	1검	2검	번호	정답	1검	2검
	답안란	채점란			답안란	채점란			답안란	채점란	
1				12				23			
2				13				24			
3				14				25			
4				15				26			
5				16				27			
6				17				28			
7				18				29			
8				19				30			
9				20				31			
10				21				32			
11				22				33			

감독위원	채점위원(1)		채점위원(2)		채점위원(3)	
(서명)	(득점)	(서명)	(득점)	(서명)	(득점)	(서명)

■   ＊뒷면으로 이어짐   ■

※ 답안지는 컴퓨터로 처리되므로 구기거나 더럽히지 마시고, 정답 칸 안에만 쓰십시오. 글씨가 채점란으로 들어오면 오답처리가 됩니다.

제 3회 전국한자능력검정시험 7급 답안지(2) (시험시간:50분)

번호	정답	1검	2검	번호	정답	1검	2검	번호	정답	1검	2검
34				47				60			
35				48				61			
36				49				62			
37				50				63			
38				51				64			
39				52				65			
40				53				66			
41				54				67			
42				55				68			
43				56				69			
44				57				70			
45				58							
46				59							